COUNTRY CHIC

Der neue Landhausstil

Dieses Interieur in einem Haus im Queen-Anne-Stil in East Anglia, das mit natürlichen Materialien und in neutralen Farben gestaltet wurde, ist eine geglückte Kombination von Behaglichkeit und einer modernisierten, eklektizistischen Version des englischen Landhausstils. (Siehe auch S. 212.)

COUNTRY CHIC

Der neue Landhausstil

Leonie Highton

Übertragen aus dem Englischen von Jutta Fanurakis

BUSSE SEEWALD

Titel der englischen Originalausgabe:

The House & Garden Book of
COUNTRY CHIC
Leonie Highton

Die Deutsche Bibliothek – CIP-Einheitsaufnahme

Country Chic : der neue Landhausstil / Leonie Highton.
Übertr. aus dem Engl. von Jutta Fanurakis. –
Herford : Busse Seewald, 1998
Einheitssacht.: The House & Garden book of Country Chic <dt.>

ISBN 3-512-03183-8

Deutsche Ausgabe:

Übersetzung: Jutta Fanurakis, München
Lektorat: Ulrike Rudolph, Bad Salzuflen
Herstellung: Richard Brüll, Herford
Satz: BusseDruck, Herford
Druck und Bindung: Tien Wah Press, Singapore

ISBN 3-512-03183-8

INHALT

EINLEITUNG

Ausstattungen im Countrystil wurden stets mit allen erdenklichen schätzenswerten Eigenschaften – nicht zuletzt mit Wärme, Behaglichkeit und Ungezwungenheit – in Verbindung gebracht, aber als Trendsetter für die Innenausstattung galt er nur selten. Man brachte ihn eher mit selbstgestrickter Volkstümelei oder chintzüberladenen Ausstattungen in Verbindung, aber elegante Ausstattungen – solche, die Weltläufigkeit und Originalität ausstrahlten – so glaubte man, gab es nur in der Stadt. Aber das hat sich gründlich geändert: Interieurs im Countrystil geben den Trend an und sind wesentlich eleganter geworden. Ganz gleich, ob sie sich an traditionelle Stilarten oder an zeitgenössische Tendenzen anlehnen, sie haben einen unverkennbaren Chic und setzen neue Maßstäbe für die Innenausstattung.

Die Verbindung von »Country« und »Chic« mag widersprüchlich klingen – schließlich findet man im Wörterbuch unter »Country« Adjektive wie »kunstlos« oder »rustikal«, während »Chic« gleichbedeutend ist mit Stil und Eleganz – dennoch läßt sich nicht leugnen, dass die Ausstattungen ländlicher Wohnsitze neuerdings so stilübergreifend und professionell sind wie selten zuvor. Einige dieser neu geschaffenen Interieurs sind extravagant, während andere in Farbe und Gestaltung eher zurückhaltend sind – aber allen gemeinsam ist, dass sie trotz eines eleganten Ausstattungskonzepts freundliche Ungezwungenheit ausstrahlen.

Diese Mischung aus Sammelleidenschaft, Professionalität und Ungezwungenheit läuft parallel zu einem Trend, der in vielen Bereichen unseres Lebens vorherrscht: in der smarten »modernen« Küche verwendet man einfache Zutaten, und teure Designermode drückt sich häufig durch unstrukturierte Formen und eigenwillige Akzente aus. Der verfeinerte, zeitgenössische Geschmack scheint mit bodenständigen Akzenten und lässiger Individualität zu kokettieren. In der Innenausstattung können sich diese Akzente durch typische, rustikale Details aus heimischen Materialien und handwerklich gestaltete Objekte ausdrücken. Dinge, die einst als zu primitiv galten um schön zu sein, werden heutzutage von Innenausstattern der westlichen Welt hoch geschätzt und aus entlegenen Gegenden herbeigeschafft, um zu Hause für den gewissen »Look« zu sorgen.

Weltweite Mobilität und Verfügbarkeit machen all das möglich. Historisch gesehen, war es das augenfälligste Merkmal ländlicher Ausstattungen überall in der Welt, dass die Möbel und die übrige Ausstattung an Ort und Stelle aus heimischen Materialien angefertigt waren. Uns, den Bewohnern der westlichen Welt, ist diese Tradition im Laufe der Zeit verloren gegangen, aber wir haben den Luxus gewonnen, uns alles von überall her beschaffen zu können; wir reisen in der ganzen Welt umher und wir sehen mit eigenen Augen, wie Menschen in anderen Teilen der Welt leben. Unsere Ferien verbringen wir immer häufiger in unterentwickelten Ländern, in denen die alten Traditionen noch lebendig sind – aber wie lange noch? – und wo natürliche Materialien noch die Norm sind. Wir finden Gefallen an traditioneller Volkskunst – zum Beispiel an der Unregelmäßigkeit handgetöpferter Keramik und an den sprühenden Farben von Seide, die mit pflanzlichen Farbstoffen gefärbt ist – und versuchen dieses Gefühl in unserer eigenen Umgebung neu zu erleben, indem wir jene Elemente in unsere Innendekoration integrieren.

Die Volkskunst ist aber nur ein Element des Countrystils, so wie er sich zur Zeit darstellt. Phantasievolle Innenausstatter sehen keinen Grund, weshalb sie einem primitiven Kunstwerk nicht ein Objekt gegenüberstellen sollen, das geradezu eine Verkörperung westlicher Hochkultur ist. Jedem Artefakt wird seine eigene, besondere Art von Schönheit zuerkannt. Generationen von Innenausstattern haben verfügt, dass Raumausstattungen »aus einem Guss« zu sein haben, während der neue Countrystil seine Wirkung häufig aus Kontrasten bezieht: hier wird ein kunstvoll gestaltetes, antikes Möbelstück vor eine rauhe Steinwand platziert oder ein rustikaler Kronleuchter aus Eisen an eine glatt verputzte Decke gehängt. Dadurch wird sowohl die intellektuelle wie die sinnliche Wahrnehmung stimuliert. Die Wechselwirkung von Verfeinertem und Rauem, von Alt und Neu, ist anregend chic.

Moden kommen und gehen, das wird immer so sein, aber was unverändert bleibt, ist der Reiz des Ländlichen an sich. An

In diesem modern ausgestatteten Speisezimmer in den Hügeln von Südspanien kontrastieren die Naturfarbe der geflochtenen Stuhlsitze und der Bodenmatte angenehm mit der Farbe der Stuhlrahmen und den einfarbigen weißen Wänden. Die hohe, gewölbte Decke, die den Raum licht und weit erscheinen lässt, wird von farbigen Streifen umrandet, die die Decke in symmetrische Felder aufteilen. Durch die Kombination von rustikaler und allgemein üblicher Ausstattung wirkt das Interieur (entworfen von Mario Connio) natürlich und dennoch chic.

Dieser Wohnraum in einem alten Haus in einer ländlichen Gegend von Gloucestershire enthält das Wesentliche des neuen, schicken Trends, der den Countrystil verändert hat. Er vermittelt eine Atmosphäre von Ungezwungenheit, ein typisches Merkmal traditioneller, ländlicher Interieurs, ist aber gleichzeitig anspruchsvoll und elegant. Der Entwurf stammt von Alison Henry; sie nutzt die gegensätzlichen Qualitäten von Robustheit und Verfeinerung, indem sie die bodenständige Architektur mit eleganten Sofas und exotischen Pflanzen kombiniert. Außerdem verwendet sie Möbel und Objekte aus verschiedenen Kulturen, was in vielen der neueren Interieurs im Countrystil aufgegriffen wird. In diesem Fall ist der fremde Einfluss hauptsächlich orientalisch, was darauf hinweist, dass Alison Henry und ihr Ehemann einen Teil ihres Lebens in Hongkong verbringen. (Weitere Abbildungen aus ihrem Haus siehe S.14 und 186.)

Gertrude Jeckyll erinnert man sich hauptsächlich wegen ihrer Gartenbücher, sie hat aber auch mit Begeisterung über das ländliche Leben im alten England geschrieben. In ihrem Buch *Old English Household Life*, das 1925 erschienen ist, beklagt sie die Tatsache, dass die Materialien und die handwerklichen Künste, die bis dahin typische Merkmale ländlicher Interieurs waren, allmählich verschwinden, und sie bemerkte, dass die meisten Menschen, die in Industriestädten leben, »voller Sehnsucht auf das Land schauen und den Wunsch hegen, sich an ihrem Lebensabend dorthin zurückziehen zu können«. Ich vermute, dass ihr Eindruck auch heute noch zutrifft, aber der Unterschied zu damals ist, dass heutige Stadtbewohner sich diesen Wunsch eher erfüllen können – und sie müssen nicht einmal mehr bis zum Ende ihres Arbeitslebens warten. Größere Mobilität bedeutet, dass viele Menschen, deren Arbeit sie zwingt, während der Woche in der Stadt zu leben, ein zweites Heim besitzen, in das sie sich an Wochenenden und in den Ferien zurückziehen können. Und dank der neuen Kommunikationstechnologie können viele andere, die früher wegen ihrer Arbeit an die Stadt gebunden waren, heute ständig auf dem

Land leben und ihre Arbeit ohne Schwierigkeiten von zu Hause aus erledigen. Die Zentren der Städte, wo früher das Leben pulsierte, sind in Gefahr zu sterben, da es viele ihrer Bewohner in grünere Gefilde zieht.

Dieser demographische Wandel hat entscheidenden Einfluss auf die Innendekoration gehabt. Ex-Citybewohner, deren Geschmack und Ambitionen sehr verschieden von denen »echter« Landbewohner sind, können nicht widerstehen, ihrem Heim einen urbanen Stempel aufzudrücken, auch wenn sie ihre neue ländliche Umgebung noch so sehr genießen. Viele beauftragen professionelle Innenausstatter, ihnen zu helfen, ein Heim zu kreieren, das sie selbst zwar als »ländlich« betrachten, das aber auch zu ihrem mobilen Lebensstil und zu ihrem Selbstverständnis passt.

Bevor die Stadtbewohner die Cottages wegschnappten, wurden diese ausnahmslos von Menschen bewohnt, die das Land bearbeiteten und die ihr ganzes Leben im gleichen Dorf verbrachten. Die Innenausstattungen dieser Cottages hatten einen ganz bestimmten »Country Look«, der sich aber ganz natürlich entwickelt hatte. Die Räume und die Möbel waren notwendigerweise einfach, aber die natürlichen Materialien und die handwerkliche Verarbeitung besaßen eine ihnen innewohnende Würde.

Selbst in größeren Häusern auf dem Lande unterschieden sich die früheren Ausstattungsstile von denen in der Stadt erheblich. Im Großen und Ganzen war das tägliche Leben auf dem Lande naturverbunden und weniger konventionell, und außerdem gehörten Hunde und Katzen zum Haushalt, so dass niemand ein bisschen Sand oder Spuren von Hundepfoten in der Diele allzu wichtig nehmen konnte. Aus praktischen Gründen verwendete man für den Fußboden in der Diele lieber Steinplatten als Teppichboden, und außerdem musste man die Stiefel und die Spazierstöcke irgendwo lassen. Lose, waschbare Bezüge für Sofas und Sessel waren eine bessere Lösung als feste Bezüge, und außerdem trugen sie zu dem angenehm zerknitterten Ambiente bei, das im ganzen Haus vorherrschte. Und dann war da noch ein ganz bestimmter Touch. Dazu gehörten geblümte Stoffe und qualitätsvolle, unprätentiöse Möbel, vorwiegend aus Eiche oder Kiefer. Alles in al-

Während die Dielen in Stadthäusern meist lang und schmal sind, haben Dielen in ländlichen Häusern gewöhnlich bessere Proportionen und lassen sich wie ganz normale Räume einrichten. Im Beispiel aus dem Westen Englands (oben) wurden die traditionellen Möbel – einschließlich eines weich gepolsterten Sofas – in erfrischender Art und Weise großzügig im Raum verteilt. Die beiden anderen Beispiele stammen aus Frankreich und konfrontieren moderne Kunst mit traditioneller Architektur. In der Diele eines umgebauten Bauernhauses, das Catherine Warren gehört (Mitte), hängt eines ihrer Gemälde über einem antiken Hocker. In Jenny Halls Haus (unten) wird die Diele von einer riesigen Keramikschale mit zerklüfteter Oberfläche von Claudi Casanovas beherrscht.

lem ergab das einen ganz anderen »Country Look« als den der Cottages, der sich aber ebenfalls ganz natürlich und ohne das Zutun von Designern entwickelt hatte.

Das erste Mal, dass ein Country Look in Großbritannien bewusst und in großem Ausmaß entwickelt wurde, war in den siebziger Jahren, als die Stadtbewohner in ländlich ausgestatteten Räumen etwas entdeckt hatten, das sie als recht angenehm empfanden. Diese Räume waren stilistisch gesehen vielleicht nicht das Eleganteste, aber sie waren behaglich und wirkten einladender als die in den steif und unbeweglich eingerichteten Stadtwohnungen. Es waren diese Eigenschaften, die die Stadtmenschen im Sinn hatten, wenn sie sich vorstellten, es sei erholsamer, nach einem Tag in einem mit Maschinen angefüllten Büro in eine behaglichere, von ländlicher Idylle geprägte Welt nach Hause zu kommen. Außerdem war diese Welt relativ preiswert. Für viktorianische Kiefernholzmöbel verlangte man in Antiquitätengeschäften nicht den gleichen Preis wie für Regencymöbel aus Rosenholz. So ließ sich die Stadtbevölkerung vom Cottage-Ambiente – so wie sie es sah – gefangen nehmen und kreierte einen Country Look nach festgefügten Formeln, der auf Anrichten aus gelaugtem Kiefernholz, Patchwork-Quilts, getrockneten Blumen und Stoffen mit Streublümchenmustern beruhte. Dieser Country Look war der letzte Schrei in viktorianischen Reihenhäusern und in den Zweifamilienhäusern der Vororte, und – obwohl er nicht sehr authentisch war – er befriedigte die ländlichen Phantasievorstellungen.

Diese Interpretation des ländlichen Dekorationsstils wirkte eher volkstümlich, manchmal sogar grob und fand nie so richtig Anklang bei namhaften Innenausstattern. Die hatten ihr eigenes »Country«-Programm. Sie entwickelten den prächtigeren, eleganteren, englischen Landhausstil (der sich in einer viel differenzierteren Variante bereits in den dreißiger Jahren entwickelt hatte). Sie verwendeten Mengen von floral gemustertem Chintz, ein Potpourri von Mustern, meterweise Rüschen und Tische wurden mit Stoffen verkleidet, dekoriert mit allerlei hübschem Schnickschnack. So entstanden Interieurs, die sehr behaglich waren, wenn auch manchmal überwältigend in ihrer Fülle, und auch dieser Stil wurde ebenso häufig in der Stadt verwendet wie in ländlichen Gegenden.

Dieses Genre war in den achtziger Jahren überaus beliebt, aber wenn die Ausführung schlecht war – was leider viel zu

Unkonventioneller Blumen- und Pflanzenschmuck ist ein wesentliches Element ländlicher Ausstattungen. In diesen beiden Stilleben kommen ganz verschiedene Auffassungen zum Ausdruck, aber beide zeigen eine eigenwillige Kombination von Gegensätzen, die dem heutigen »Look« entspricht. Das obere (siehe auch S. 42) zeigt rustikale Tontöpfe auf einer antiken Kommode. Das untere, in Francois Catrouxs Haus in Südfrankreich (siehe S. 74), zeigt eine altmodische, verzinkte Gießkanne auf einem Designertisch.

Farbeffekte eignen sich besonders gut für Möbel in Gartenzimmern. Sie schaffen eine Atmosphäre von Ungezwungenheit und Extravaganz, ohne vom Stil der Möbel abzulenken – wie diese Ausstattung zeigt, deren ungewöhnlich schöne Stühle eine grüne Lackbemalung erhielten. Der Tisch wurde in Übereinstimmung mit der Decke und der Spalierwand mit Kalkfarbe getüncht. Dieser Raum, der sich zur Hälfte im Freien befindet, wurde nicht als Nebensache behandelt, er hat ebenso viel Flair wie die Innenräume. (Weitere Ansichten des Hauses siehe S. 68 und 146.)

häufig vorkam – wirkte es überladen und vorhersehbar. Daher mussten sich die stilistisch führenden Innenausstatter in neue Stilbereiche vorwagen. Der Sirenengesang von Arkadien lockte noch immer und das liebliche, vertrauenerweckende Image des ländlichen Lebens konnte nicht ganz und gar beiseite geschoben werden. Was gebraucht wurde, war etwas, das den Zwischenraum zwischen ländlicher Geborgenheit und urbaner Weltläufigkeit überbrückte.

Es hat sich zwar auf die Schnelle kein bestimmter Look entwickelt, aber es existiert ein deutlicher Trend, der zwei Themen des ländlichen Stils umfasst: Das eine kann im Großen und Ganzen als bodenständig bezeichnet werden (ist aber viel reizvoller als der alte Kiefer-Natur-Look) und das andere enthält Elemente des englischen Landhausstils, ist aber vielfältiger und nicht so gekünstelt wie der Stil der rüschenverzierten Chintz-Ära. Beide sind chic – und international. Heute erkennen Innenausstatter weltweit an, dass gute alte, rustikale Möbel – einfache Möbel, von Handwerkern angefertigt, die von vorübergehenden Moden weniger beeinflusst werden als Stadtbewohner – praktisch sind und Charakter haben. Solche Möbel sind besonders interessant für den heutigen Betrachter, wenn man ihnen eine neue Identität gibt, indem man sie auf unerwartete Art und Weise verändert. In ihrem Heim in Atlanta hat die Innenausstatterin Nancy Braithwaite genau das getan: Sie hat rustikale Möbel im Stil der Südstaaten und traditionelle Farben verwendet, um die ursprüngliche Atmosphäre vom »einfachen Landleben« wiederzuerschaffen, wie sie selbst sagt. Wie die Abbildungen auf Seite 34 und 122 zeigen, ist ihr das gelungen – allerdings auf eine erfrischende, aktuelle Art und Weise. Die amerikanische Künstlerin Catharine Warren hat mit gleichem Erfolg ein ebenso erfrischendes und elegantes Ambiente in ihrem Haus in Südfrankreich geschaffen. In einem alten Bauernhaus und einer Scheune mit Gewölbedecke hat sie eine Anzahl prachtvoller Interieurs geschaffen, zu denen auch ein eleganter Wohnraum (Seite 32), ein Speisezimmer (Seite 112) und ein Schlafzimmer (Seite 180) gehören. Diese Räume könnten sich nirgendwo anders als auf dem Land befinden, aber ihr Stil ist eleganter und origineller als beinahe alles, was man in einer Stadt finden könnte: antike französische Stühle, bezogen mit *toile de Jouy* – einem bedruckten Baumwollstoff – anstatt mit prächtiger Seide; der mit Terrakottafliesen bedeckte Fußboden blieb ohne Teppich; ein Kronleuchter aus Metallblättern hängt über einem bemalten Louis-XVI-Esstisch, und ein von Catharine Warren selbst gemaltes, modernes Gemälde hängt gegenüber von zwei Malvenstöcken aus gestanztem Blech aus dem neunzehnten Jahrhundert.

Bis zu einem gewissen Grad bezieht Catherine Warrens Wohnzimmer seinen Reiz von dem ungewöhnlichen Charakter der Architektur. Der Raum befindet sich in einer alten umgebauten Scheune, er strahlt etwas von seiner landwirtschaftlichen Vergangenheit aus und ist gleichzeitig ein Ort, an dem man heute gern lebt. Viele andere Interieurs in diesem Buch befinden sich in interessanten alten Bauerngehöften, und das ist der Vorteil, den sie den nüchternen Räumen in Städten voraushaben – von Scheunen in den Cotswolds bis zu einem umgebauten Wachtturm in Italien. Sie sind vielfältig, nicht nur in ihrer Umgebung sondern auch in ihrem Charakter. Es sind sogar einige darunter, die sich in der Stadt befinden, weil sie eindeutig vom ländlichen Wohnstil geprägt sind.

Die Räume in Häusern, die im bodenständigen Stil und mit heimischen Materialien gebaut sind – wie Holz, Stein und Ziegel – sind in den meisten Fällen mit natürlichen, bewusst bescheidenen Materialien wie Baumwolle, Wolle und Leinen ausgestattet. Die Farbkonzepte dieser Räume wurden unmittelbar von der Landschaft inspiriert oder wurden auf sie abgestimmt (siehe S. 156). Es gibt auch Fälle, bei denen die Umgebung des Hauses praktisch Teil des Inneren ist, ein Konzept, das besonders deutlich in dem Wohnzimmer auf St. Lucia (Seite 68) sehr klar zum Ausdruck kommt. Der Schlüssel zu diesem Raum ist eine Art innerer Verwandtschaft von Raum und Landschaft – ebenso wie bei den Interieurs in dem Kapitel, das dem Wohnen mit offener Raumplanung gewidmet ist (S. 150). Diese Interieurs, die dem ländlichen Lebensstil in seiner besonders unkonventionellen und einladenden Form angepasst sind, haben mehrere Funktionen und fördern die Geselligkeit. Die weiteren Kapitel sind spezieller, hier wurden die Räume nach ihrer Funktion zusammengefasst. Es gibt Kapitel über Dielen, Wohnräume, Speisezimmer, Bibliotheken und Arbeitszimmer, Küchen, Schlafräume und Badezimmer und über Gartenzimmer. Einige Interieurs sind sehr geräumig; andere dagegen bescheidener. Einige dieser Interieurs befinden sich in alten Häusern, andere erstaunlicherweise in brandneuen Gebäuden. All diese Räume wurden aus den besten und interessantesten Veröffentlichungen in neueren Ausgaben von *House & Garden* ausgewählt und zu diesem anregenden Kompendium über Country-Chic zusammengefasst.

Dieser Schlafraum, der aus warmfarbigen, heimischen Materialien geschaffen wurde, befindet sich in einem neuen Chalet, er strahlt aber bereits den Charme natürlich gealterter Interieurs aus. Auf den ersten Blick scheint das Ausstattungskonzept schweizerischen Ursprungs zu sein, aber die diversen Elemente sind in Wirklichkeit internationaler Herkunft: Das alte Quilt und der größte Teil der Möbel sind französisch, der Teppich kommt aus dem Vorderen Orient und die meisten Stoffe sind italienisch. Weil all diese Dinge an Volkskunst erinnern – entweder durch die handwerkliche Verarbeitung oder durch die Muster, wirkt diese Kombination durchaus harmonisch. Das Konzept stammt von der Londoner Innenausstatterin Emily Todhunter.

DIELEN

Die Form und die Größe der Diele sind zwei der Merkmale, die die meisten Stadthäuser von Häusern auf dem Lande unterscheiden. In der Stadt ist die Diele selten mehr als ein Korridor, der die Eingangstür mit dem Rest des Hauses verbindet, aber auf dem Lande steht, wenn man Glück hat, genügend gut proportionierter Raum für den Eingangsbereich zur Verfügung. Wer über diesen Luxus verfügt, kann sich auf eine interessante und einladende Dekoration einlassen. Isabelle de Borchgrave stattete die Wände der Eingangshalle eines belgischen Hauses (umseitig) mit *trompe-l'œil*-Malereien aus, von denen eine ein farbenfrohes Quilt, die andere ein Regal mit dekorativen Objekten darstellt.

Völlig anders ist die Dekoration eines Treppenhauses in Portugal von David Hicks (S. 21), die wie eine Bühnendekoration wirkt. Der Raum ist auf elegante Weise karg und klassisch gestaltet, nur die Gießkannen auf den Beistelltischen, die schmückenden Charakter haben, sind rustikal, sie stellen ein befriedigendes Gleichgewicht zwischen »rau« und »glatt« dar. Ebenso geschickt ist die Wahl der architektonisch inspirierten Kunstwerke, sie liefern moderne Kontrapunkte in einer traditionell wirkenden, aber erst kürzlich erbauten Szenerie.

Der mit einer Galerie versehene Eingangsbereich eines Hauses in den Cotswolds wirkt größer als er ist, weil das Farbkonzept und die Möblierung extrem einfach gehalten wurden. Die Farben der architektonischen Bestandteile sind neutral – man verwendete Stein für den Fußboden, antikisierten Putz für die Wände, naturfarbene Hölzer für das Holzwerk – und eine sparsame Möblierung. Die chinesischen Stühle und der englische Regency-Tisch fügen sich zu einer geglückten Kombination zusammen. Diese Diele gehört zu dem Haus der Innenausstatterin Alison Henry in Gloucestershire, das mit architektonischer Beratung von Robert Franklin renoviert wurde. (Siehe auch S. 186.)

Ein Haus am Meer – völlig unkonventionell

Isabelle de Borchgrave ist Künstlerin, Textildesignerin und Innenausstatterin. Alle drei Aspekte ihrer Tätigkeit erkennt man innerhalb des Hauses aus den dreißiger Jahren, das sie in dem belgischen Seebad Zoute für Freunde neu ausgestattet hat. Da das Haus der Hauptsitz der Familie ist, mußte Isabelle de Borchgrave ihren Entwurf so konzipieren, dass die Familie das ganze Jahr über bequem dort leben kann. Aber der saisonbedingte Charakter des Ortes und der relativ unkonventionelle Lebensstil der Bewohner des Hauses beeinflusste natürlich den Dekorationsstil. Das Haus strahlt ganz natürliche Vitalität und Ungezwungenheit aus, was hauptsächlich Isabelle de Borchgraves Gespür für Farben zuzuschreiben ist. In der kleinen Diele (gegenüberliegende Seite) zwischen Speisezimmer und Bibliothek verweisen amüsante *trompe-l'œil*-Regale auf die Bücher- und Kunstsammlungen des Hausherrn in den angrenzenden Räumen. Am Treppenaufgang (oben) befindet sich eine weitere illusionistische Malerei, die ein farbenfrohes Quilt darstellt.

Gauguin
L'ART DES POTERIES DE JARDIN
Jardins en Belgique

Eine schlichtere Interpretation

Eine neue, vereinfachte Variante des englischen Landhaus-Looks schwebte den Gestaltern der neuen Innenausstattung eines Queen-Anne-Hauses in Suffolk vor (oben und S. 212). Die Eingangshalle trägt ihren Teil dazu bei mit dem kahlen, mit Steinplatten belegten Fußboden, den lasierten Wänden und den mächtigen Terrakottavasen in antiker Manier, die eine französische Sitzbank flankieren. Der runde Tisch am schmalen Ende des Raumes, unter einer Treppe mit ungewöhnlichem Geländer, ist mit einer karierten Tischdecke dekoriert. Der Stoff lässt alle Farben weicher erscheinen, er harmonisiert das beigebraune Farbkonzept der Diele und dient als schöner Untergrund für die muskulöse Pferdeskulptur. Auch Robert Hering verwendete in einem Haus in Oxfordshire (gegenüberliegende Seite und S. 40 und 92) einen runden Tisch mit Decke, die mit schweren Fransen geschmückt ist. Sie ist ein luxuriöser Gegensatz zu den bemalten Steinwänden und dient als Plattform für ein einzelnes, prächtiges Objekt, das hier seine maximale Wirkung erzielen kann. Beide Dielen sind mit modernen Gemälden ausgestattet – eine interessante, effektvolle Wahl für eine traditionelle Umgebung.

Klar und zweckdienlich

Die Designerin Nancy Braithwaite sammelt volkstümliche amerikanische Möbel des neunzehnten Jahrhunderts – die Art von Möbeln, die für Kleinbauern in den amerikanischen Südstaaten hergestellt wurden, die in rein zweckmäßigen Holzhäusern lebten. Das Design dieser Möbel ist schlicht, aber keinesfalls primitiv, und in ihren kantigen Formen und ihrer Zweckmäßigkeit liegt eine gewisse Vornehmheit. Nancy Braithwaite hat eine Schwäche für die ehrliche Schlichtheit dieser Möbel, und sie gibt ihrer Sammlung eine Umgebung, in der gedämpfte, rustikale Farben mit weißen Flächen kontrastieren. Die Eingangshalle und der anschließende Korridor (gegenüberliegende Seite) in ihrem Haus in Atlanta (siehe auch S. 34 und 122) sind Stilbeispiele für die übrigen Räume des Hauses.

Die oben abgebildete Eingangshalle mit der Galerie hat Ähnlichkeit mit der Halle von Nancy Braithwaite, in der ebenfalls einfarbige Flächen in tiefdunklen Farben dramatisch mit Weiß kontrastieren. Dieser Raum gehört zu einem portugiesischen Haus im palladianischen Stil, dessen Entwurf von David Hicks stammt, einem Meister des disziplinierten Entwurfsstils. Bei dem Türrahmen gegenüber der Treppe verwendet er vereinfachte, klassische Formen in kühnen Ausmaßen, um den dramatischen Effekt zu steigern und dem Konzept größere Aussagekraft zu verleihen. Zwei moderne Kunstwerke mit architektonischen Themen und zwei Stilleben aus Gießkannen auf Beistelltischen vervollständigen das präzise formulierte, symmetrische Interieur.

WOHNRÄUME

Viele Räume in diesem Kapitel befinden sich in Gebäuden, die früher nützlichen Zwecken gedient haben: in einer Kutschenremise, einer Schule, einem Künstlerstudio und drei Scheunen. Diese Umbauten sind amüsanter und viel origineller als Räume in zweckorientierten Wohnbauten und bieten sich geradezu an für extravagante Dekorationskonzepte, die von hohen Räumen, schmalen, hohen Fenstern und stämmigen Balken profitieren. Zwei weitere Darstellungen zeigen Räume, die von der zu Verkleinerungen neigenden Gotikmanie des achtzehnten Jahrhunderts profitieren (S. 44), und ein monumentales Bauernhaus aus dem vierzehnten Jahrhundert (S. 74). Im Gegensatz dazu befinden sich mindestens sechs der interessantesten Interieurs in neuen Gebäuden, von einer Villa im palladianischen Stil an der italienischen Küste (S. 50) bis zu einem modernistisch ausgestatteten, belgischen Haus in ländlicher Umgebung (S. 80), einem Refugium auf den Klippen von St. Lucia und einem Anbau an ein Gärtnerhaus in Hampshire (Seite 46). Eines dieser Interieurs befindet sich überhaupt nicht auf dem Lande, sondern in einer versteckten, grünen Ecke mitten in London (S. 42). Wir haben es in dieses Buch aufgenommen, weil es ein besonders hübsches Beispiel für einen gewissen Country-Chic ist, der an den traditionellen englischen Landhausstil erinnert, aber – genau wie das Interieur auf S. 36 – frischer, eklektizistischer und überzeugender in seiner Interpretation ist.

Dieser Raum, den Dick Dumas dekoriert hat, ist smart und trotzdem gemütlich, er wird vorwiegend im Winter benutzt. Ein großes Sofa schmiegt sich an den Kamin, und Spiegel in vergoldeten Rahmen und diversen Größen zieren die Wände. Die losen Bezüge der Stühle an dem runden Tisch links im Bild sind dekorativ mit Knöpfen geschlossen, wobei die beiden unteren offen bleiben wie bei einer Weste.

Eine umgebaute Scheune in den Cotswolds

Bei der Neugestaltung des Inneren einer Scheune in den Cotswolds hat sich Peter Yiangou des *Arts-and-Crafts*-Stils bedient und hat das 27 Meter lange Hauptgebäude durch Holzkonstruktionen in eine Abfolge von miteinander verbundenen Räumen unterteilt, die verschiedenen Zwecken dienen. Die trennenden Elemente zwischen den Räumen sind deutlich genug, um das Gefühl von Privatheit und Behaglichkeit aufkommen zu lassen, aber sie sind nicht so aufdringlich, dass das imponierende Raumvolumen der Scheune zerstört wird. In der Mitte der Halle befindet sich der gemütliche Wohnraum (abgebildet auf den folgenden Seiten), dessen Decke

von Tanya Backhouse und Toby Hill mit Sternenmotiven bemalt wurde. Zu den neuen Holzkonstruktionen, die von Derek Elliott ausgeführt wurden, gehört eine grandiose Treppe aus Eiche; sie führt zu einer Büchergalerie, die von massiven Holzpfosten und Balken gestützt wird. Von der Büchergalerie gelangt man in die Schlafräume und ins Badezimmer. Passend zu den Holzkonstruktionen belegte Innenausstatterin Henrietta Holroyd den Steinboden mit dichten Binsenmatten, wählte Möbel in angemessener Größe und lebhaft gemusterte Stoffe in kräftigen Farben.

L'ART DES POTERIES DE JARDIN

Verbindung zwischen drinnen und draußen

Yves Taralons Landhaus in Frankreich ist ein Haus *à la lanterne* – das bedeutet, es hat die Breite eines Raumes; jeder Raum führt direkt in den nächsten und hat Fenster auf beiden Seiten. In der Mitte der Zimmerflucht ist das Wohnzimmer, ein kühler, luftiger Raum mit beigefarbenen, gewischten Wänden, die an die Natursteine der Gegend erinnern. »Ich wollte einen Raum zum Entspannen, mit Farben, die beruhigend wirken – Weiß, Elfenbein und Beige. Ich habe versucht, die Möbel so auszuwählen, dass sie möglichst unauffällig sind und nicht vom offenen Charakter des Raumes, von den Gemälden und den Objekten ablenken.« Der steinerne Konsoltisch, ein Entwurf von Pierre D'Antan, wurde aus folgenden Gründen gewählt: er ist in die Architektur integriert, wächst aus der

< Wand heraus wie eine Brüstung und trägt ein kühnes Arrangement aus Pflanzen und Blumen in Terrakotta- und Aluminiumtöpfen und einen venezianischen Spiegel auf einer Staffelei. Zu den Sitzmöbeln gehören ein langes, tiefes Sofa und vier Ohrensessel, die paarweise auf beiden Seiten des Kamins stehen. Die einfarbig weißen Bezüge sind auf der Rückseite mit langen, eleganten Bändern befestigt. Die Hocker mit X-förmigen Stützen können auch als Beistelltische verwendet werden. (Siehe auch S. 102 und 188.)

Paradies einer Malerin

Die amerikanische Künstlerin Catharine Warren teilt ihre Zeit zwischen einem Apartment in New York und dem hier abgebildeten, traditionellen Natursteinhaus in der Provence. Im Gegensatz zu ihrer Stadtwohnung, die vorwiegend in venezianischem Rot dekoriert ist und Abendstimmung vermittelt, wirkt ihr ländliches Refugium hell und offen. Während der Restaurierung des Hauses und des Umbaus der Nebengebäude hat sie sehr darauf geachtet, dass der Charakter der bäuerlichen Vergangenheit nicht verloren geht. Der prächtige Wohnraum in goldenem Ockergelb ist ursprünglich eine Scheune gewesen und hat – obwohl er eine elegante Umgestaltung hinter sich hat – die noble Gestalt und die Proportionen behalten, die für viele alte Gehöfte charakteristisch sind. Die architektonischen Flächen sind entsprechend bescheiden gestaltet: man verwendete Terrakottafliesen für den Boden und unregelmäßig aufgetragene Farbe aus Erdpigmenten für die Wände. Vor diesen Hintergrund hat Catharine Warren eine eklektizistische Mischung von Möbeln platziert, von denen die meisten bemalt sind. Um der Höhe der Wand im Scheitel des Bogens gerecht zu werden, hat sie einen hohen Spiegel über den Kamin gehängt, der von dreiarmigen Leuchtern flankiert wird. Die Sitzmöbel sind in zwei Gruppen angeordnet – eine beim Kamin und die andere vor einem der Fenster –, die durch das lebhafte Muster ihrer Bezüge aufeinander verweisen. Der neutrale Vorhangstoff an den französischen Fenstern ist wimpelförmig geschnitten und hängt an einfachen schmiedeeisernen Gardinenstangen.

Zurück zu ihren Wurzeln

Als die aus Atlanta stammende Designerin Nancy Braithwaite ihr jetziges Haus (das 1964 nach einem Entwurf von James Means gebaut wurde) bezog, hatte sie sich zum Ziel gesetzt, ihre wundervollen alten, volkstümlichen amerikanischen Möbel »wieder in ihre ursprünglichen Funktionen als Objekte, die für bestimmte Zwecke gearbeitet wurden«, einzusetzen. Ihr sehr subtiles Vorgehen, bei dem sie bewusst jenen amerikanischen Countrystil mit massenweise Quilts und Anrichten aus Kiefer Natur vermeidet, kommt besonders in ihrem Wohnzimmer mit seiner ruhigen Ausgewogenheit und seinem zeitlosen Charakter zum Ausdruck. Die ursprüngliche Holzvertäfelung des Raumes, der Kamin und die Holzdielen sind erhalten und bilden einen schlichten, authentisch wirkenden, architektonischen Rahmen für die antiken Holzmöbel. Es gibt keine Vorhänge, die die Authentizität des Interieurs beeinträchtigen könnten, und der Leuchter aus dünnem Metall ist eigenwillig, aber unauffällig. Die Tierzeichnungen von Bill Taylor, die mit riesigen Passepartouts gerahmt sind, erhöhen die Präsenz der Bilder im Raum, ohne dominierend zu wirken. (Weitere Ansichten des Hauses siehe S. 20 und 122.)

Eine gotische Neuheit

Wenn ein Gebäude eine Änderung seiner Nutzung erfährt, ist das nicht immer eine glückliche Verwandlung, aber die Umwandlung dieses alten Dorfschulhauses in ein ungewöhnliches und sehr attraktives Heim ist gelungen. Der Wohnraum ist dort, wo früher die Eingangshalle war und hat deshalb ein Ausmaß und eine architektonische Grandezza, die jeden Raum eines durchschnittlichen dörflichen Wohnhauses übertrifft. Besonders bemerkenswert ist das hohe, spitzbogenförmige Drillingsfenster (übernächste Seite), von dem aus man die Aussicht auf den Garten, die Felder und die fernen Hügel genießen kann. Die Vorhänge nebst Querbehang sind sorgfältig auf das Fenster abgestimmt, sie stehlen ihm nicht die Schau, sie rahmen die gotischen Bögen und bringen sie optimal zur Geltung. In Einklang mit dem Stil des Raumes, der 1850 entstand, wurde ein gotischer Fries hinzugefügt. Der Kamin ist eine Steinmetzarbeit von schlichter Eleganz und ist ebenfalls neu. Die Sitzgelegenheiten wurden in Gruppen zum gemütlichen Plaudern angeordnet, und im ganzen Raum sind viele hübsche Dinge verstreut, die das Auge und den Geist erfreuen. Die Umwandlung und die Dekoration des Schulhauses (siehe auch S. 194) wurde entworfen von Innenausstatter Colin Orchard, der sich das Haus mit Designer und Innenausstatter William Yeoward teilt, der ein Einzelhandelsgeschäft mit Möbeln, Stoffen und dekorativen Objekten betreibt. Der große Vitrinenschrank mit den verglasten Türen ist ein Entwurf von William Yeoward.

SONY

Eine erleuchtete Umwandlung

Ein ehemaliger Stall mit anschließender Kutschenremise in der Nähe von Burford in den Cotswolds waren teilweise schon zu einem Wohnhaus umgebaut, als der amerikanische Innenausstatter und Antiquitätenhändler Robert Hering die Gebäude zum ersten Mal sah. Im Grunde war das Ensemble genau das ländliche Refugium in England, das er schon immer gesucht hatte. In Zusammenarbeit mit seinem bevorzugten Architekten Peter Yiangou und dem Kalifornier Ugo Sap blieb er innerhalb der gegebenen Parameter des ursprünglichen Gebäudes, nahm aber einige geringfügige Veränderungen vor. In dem hier abgebildeten Sommerwohnraum behielt er die ursprünglichen, sichtbaren Deckenbalken bei, aber ersetzte die starken Querbalken. Stattdessen verwendete er dünne Metallverbindungen, die die gleiche stützende Funktion haben, aber optisch weniger störend sind. Die Farben sind ruhig und die natürlichen Stoffe sind vorherrschend: Naturstein aus York und Sisal für den Boden; bemaltes Ziegelmauerwerk für die Wände; Naturstein für den Kamin. Die Möbel sind ein gelungener Stilmix aus England und dem übrigen Europa. (Siehe auch S. 92.)

Täuschend ländlich

»Ein Cottage in der Stadt« ist eine passende Beschreibung für das zentral gelegene Londoner Heim von Charlotte Lane Fox und ihrem Ehemann Bruce Ellis. Die Lage ist bestechend, es ist eines von drei freistehenden Cottages aus dem neunzehnten Jahrhundert; sie stehen – völlig unsichtbar von der Straße – in einem bewaldeten Garten, der etwa 0,6 Hektar groß ist, und nur einen Steinwurf weit entfernt von einer sehr befahrenen Hauptverkehrsstraße mitten in der Stadt. Die ländlich anmutende Lage spiegelt sich wider im Stil der Innendekoration, die ein heiteres, aktualisiertes Landhausflair ausstrahlt. Dieser Stil ist ein gekonntes Beispiel für einen Look, der sich aus dem typisch englischen Landhausstil entwickelt hat: er ist robuster und vielfältiger. Die Wände mit ihrem sonnigen Gelb unterstreichen die kühnen Muster und Farben der Textilien; und Details wie gewöhnliche Blumentöpfe aus Ton sind ein interessanter Kontrast zu den raffinierteren Materialien dieses Interieurs.

Eine Caprice aus Kieselgestein

Der neugotische Stil der Architektur und des Möbeldesigns im England des achtzehnten Jahrhunderts hat etwas Unbeschwertes, Romantisches, fast könnte man sagen etwas herrlich Frivoles. Hier wurde eine Caprice aus Kieselgestein, die einst als Badehaus diente und irgendwann zwischen 1750 und 1770 in Hampshire gebaut wurde, in ein bezauberndes Wochenendrefugium des späten zwanzigsten Jahrhunderts verwandelt, ohne dass der Charakter des Gebäudes darunter gelitten hat.

William Thuillier und Robert Perkins haben diese Caprice mit Einfühlungsvermögen ausgestattet und alles Überladene oder Opulente vermieden, was in einer solchen Szenerie völlig unpassend gewesen wäre. Dem Stil des Hauses besonders angemessen sind die neugotischen Stühle aus dem achtzehnten Jahrhundert, die reichlich ornamentiert sind, aber doch die Art von Direktheit und Robustheit haben, die ein ländliches Ambiente erfordert. (Siehe auch S. 136.)

Ein neuer Anbau

Dieser Wohnraum ist ein neuer Anbau an ein kleines Cottage auf einem Anwesen in Uppark. Der dazugehörige Landsitz wurde vom Earl of Tankerville im späten siebzehnten Jahrhundert erbaut und gehört heute dem National Trust. Das ausgebaute Cottage (siehe auch S. 140) wird von Sophie Warre, deren Elternhaus Uppark war, nebst Ehemann und Kindern bewohnt. Sie hat es in einem betont eleganten Landhausstil eingerichtet und hat ein paar Lieblingsstücke aus dem Familienbesitz in ihr Konzept integriert, die aus den Privaträumen von Uppark gerettet wurden, als dort 1989 ein Feuer ausgebrochen war. Dazu gehören exquisite Aquarelle aus dem achtzehnten Jahrhundert, gemalt von einer Ahnfrau von Sophie Warre, und ein Paar viktorianische Messinglampen, die Sophie Warres Großmutter gehörten. Diese und andere antike Stücke wurden durch bequeme, moderne Sitzgelegenheiten ergänzt, die mit unkonventionellen Bezugstoffen bezogen waren, zum Beispiel mit purpurfarbenem Samt. Auch die kahlen Holzdielen geben dem Ganzen eine zeitgemäße Nuance. Die breite Tür im Hintergrund führt in das Speisezimmer. (Abbildung auf S. 126.)

Hier ist nichts allzu perfekt

Die Architektur ist charakteristisch für die Umgebung, aber die Einrichtungsgegenstände und die Accessoires in Ursula Hubeners Wohnraum auf Mallorca wurden Stück für Stück aus den verschiedensten Quellen zusammengetragen und bieten manch erfrischende Überraschung. Korinthische Säulen, die keine stützende Funktion haben, sondern als dekorative Ornamente dienen, rahmen die bemalte Holztafel, die über einem Tisch mit Marmorplatte hängt. Einen auffälligen Kontrast zu den klassischen Säulen und der griechischen Vase stellen die farbenfrohen Teppiche dar. Die beiden Sofas wurden mit dem gleichen einfarbigen Baumwollstoff bezogen, aus dem die Vorhänge der französischen Fenster sind. »Nichts ist allzu perfekt in diesem Raum«, sagt die Innenausstatterin – und das ist einer der Gründe, weshalb das Interieur so gut gelungen ist. (Siehe auch S. 108.)

Nach klassischem Vorbild

Weltweit können nur wenige Räume es mit den ebenmäßigen, geometrischen Formen und der Grandezza dieses prächtigen Salons in einer Villa aufnehmen, die auf einer Lagune südlich von Rom steht. Sie wurde 1960 von Nathalie Volpi erbaut, die die künstlerische Vision und den Mut hatte, dieses Haus in klassischer griechisch-palladianischer Manier in Auftrag zu geben, und das in einer so undiskutablen Gegend, deren Untergrund Flugsand war. Ihr Architekt, Tommaso Buzzi, hat all die technischen Probleme bewältigt und einen Entwurf geschaffen, der der Vision seiner Klientin entsprach. Nathalie Volpis Sohn, Marchese Giovanni Volpi, bewohnt heute dieses spektakuläre Haus, dessen Innenräume der Phantasievorstellung von einem Gebäude aus einer anderen Zivilisation entsprechen: in den hohen Bronzetorchèren sind Deckenfluter versteckt; römische Weihrauchgefäße dienen als Aschenbecher; elektrische Glühbirnen täuschen flimmernde Kerzen auf eisernen Kandelabern vor. Farbe gibt es in diesem Raum so gut wie gar nicht – abgesehen von den leuchtend roten Filzvorhängen.

Offen und überschwänglich

Emily Todhunter hat so viele elegante Interieurs in New York und London entworfen, dass es überrascht, ihr geistiges Zuhause auf dem Land zu finden. Ihr Zufluchtsort vom Stadtleben ist das Gebäude einer Scheune aus Naturstein in den Cotswolds, das bereits umgebaut war, als sie und ihr Gatte, Manoli Olympitis, es entdeckten. Der Hauptwohnbereich ist sehr offen, sagt Emily Todhunter, »und sieht überhaupt nicht aus wie ein englisches Landhaus. Es ist eine attraktive Mischung aus alt und modern und ist schwer einzuordnen.« Mit seinen rauhen Oberflächen, dem Fußboden aus Steinplatten und den Resten unverputzter Wandflächen erinnert das Innere der Scheune an die Provence und die Toskana. Riesige Fenster lassen das Licht herein, vor allem im mittleren Bereich der Halle, die auf den folgenden Seiten abgebildet ist. Da das Haus rundherum von Gartenflächen umgeben ist, die auch von drinnen überall sichtbar sind, hat Emily Todhunter die Grenzen zwischen drinnen

und draußen so knapp wie möglich gehalten, indem sie Gartenmöbel und riesige, mit Schafgarbe gefüllte Amphoren in die Innendekoration einbezogen hat. Farben und Muster der Textilien sind unkonventionell und frisch, Rot sowie große Karos und äußerst lebhafte Kelimmuster sind vorherrschend. Wandbehänge schmeicheln den kahlen Wänden, und ungefütterte, zimtfarbene Leinenvorhänge filtern das Licht. »Ohne Futter wirkt das alles weicher und nicht so neu«, sagt die Innenausstatterin.

Eine Theorie wird bestätigt

Dieser Raum bestätigt die Theorie, dass eine Kombination von alten und neuen Elementen in der Innenausstattung viel interessanter wirkt als das strikte Beibehalten eines einzigen Stils oder einer Epoche. Allerdings gibt es einen wichtigen Vorbehalt: Ein gelungener Stilmix erfordert ein gutes Auge und eine Portion Unvoreingenommenheit. Der New Yorker Designer John Saladino hat genau diese Vision und Vorstellungskraft. Er weicht nicht vom Charakter eines stilecht ausgestatteten Interieurs ab, aber er reichert ihn mit einer neuen Ästhetik an, indem er moderne Kunstwerke und Möbel integriert, die von ihm selbst stammen. Er hält gern alles in der

Schwebe. Die Entwürfe für die hochlehnigen Sofas (mit losen hellblauen Baumwollbezügen) und für die Glastische in dem Wohnraum seines palladianischen Landhauses in Connecticut stammen von ihm. Als Kontrapunkte dienen Queen-Anne-Stühle und zwei antike englische Vitrinenschränke aus Kiefernholz. Vor einem der Sofas steht eine alte afrikanische Hochzeitstruhe, die hier als Beistelltisch benutzt wird. Neben einer Liege in einem anderen Teil des Raumes (siehe oben) sind zwei Koffer aus gebleichtem Schweinsleder übereinander gestapelt, die ebenfalls als Beistelltisch dienen. Man betritt den Raum von der Halle aus, wo üppige Pflanzen eine

prachtvoll gestaltete, steinerne Brunneneinfassung zieren, durch einen bogenförmigen Durchgang (gegenüberliegende Seite unten). Der Blick von der Halle in den Wohnraum geht weiter in den Garten und zu der schattigen, kiesbedeckten Terrasse mit bequemen Stühlen. (Weitere Ansichten des Hauses sind auf S. 106 und S. 196 abgebildet.)

Ein erfrischendes Farbkonzept

Zu dem Raum, der hier und auf den folgenden Seiten abgebildet ist, gehörte ursprünglich noch eine separate Bibliothek. Die Trennwände wurden entfernt, um einen majestätisch proportionierten Raum mit einer acht Meter hohen Decke und einem riesigen Rundbogenfenster zu kreieren. Trotz der Ausmaße dieses Interieurs sind die Dekoration und die Möblierung erfrischend unkonventionell. Das Farbkonzept aus blassestem Graublau und Elfenbein verschmilzt mit dem reichlich einströmenden Tageslicht und rahmt den Blick ins Grüne durch die zweistöckige Verglasung. Durch diese delikate Palette fallen die leuchtend roten Akzente der gemusterten Stoffe, der kleeblattförmigen Ottomane und der gefälteten Lampenschirme um so mehr ins Auge. Die Wirkung ist das ganze Jahr über belebend und einladend, und im Winter sind die komfortablen Sitzgelegenheiten vor dem Kamin anziehender Mittelpunkt, wo man sich unterhalten oder lesen kann. Gegenüber vom Kamin, wo früher die Bibliothek war, steht jetzt ein hoher Bücherschrank nebst Bibliothekstreppe, von der aus man auch die oberen Bücherreihen erreichen kann. Die Bilder sehen – mit einigen Ausnahmen – nach achtzehntem und frühem neunzehnten Jahrhundert aus. Einige sind echt – zum Beispiel die Kupferstiche von topographischen Studien über Ägypten, die Napoleon in Auftrag gegeben hat –, andere sind es nicht. Die beiden großartig wirkenden Gemälde rechts und links von dem prächtigen Bogenfenster sind Kopien von Abbildungen aus einem Auktionskatalog. Innenausstatterin war Charlotte Moss.

FLOWERS BY COLOR
GARDENS

Ein nobler Entwurf

In Großbritannien wurden in den letzten fünfzig Jahren sehr wenige von Architekten entworfene Häuser gebaut – und von denen, die gebaut wurden, sind nur wenige besonders distinguiert. Ein Architekt, der bewiesen hat, dass es möglich ist, ein brandneues Haus zu entwerfen, das sich von den üblichen Häusern unterscheidet und der großen englischen Tradition der Landsitze folgt, ist John Simpson. Das Haus, das er für seine Eltern, John und Lydia Simpson, gebaut hat, liegt mitten in einer bäuerlichen Gegend von Sussex und zeichnet sich durch einen verschlankten Klassizismus aus. »Es war nicht mein Ziel, ein prachtvolles Landhaus zu bauen, sondern eher so etwas wie den traditionellen Wohnsitz eines Gentleman«, sagt der Architekt. Vom praktischen Standpunkt aus war das Hauptanliegen nach der architektonischen Kurzbeschreibung, dass das Haus leicht zu erhalten sein soll. Ästhetisch gesehen war das Ziel, »das Haus formschön und nobel zu gestalten und den Eindruck zu erwecken, dass es größer scheint, als es in Wirklichkeit ist«. Typisch ist der Durchblick (gegenüberliegende Seite) vom Wohnraum durch eine Doppeltür, in das Gesellschaftszimmer und von da aus durch ein Bogenfenster auf eine Terrasse. Auffallend ist die überaus sorgfältige Gestaltung von Details im ganzen Haus: Die Deckenfelder wurden zum Beispiel nach Entwürfen des Architekten Sir John Soane aus dem frühen neunzehnten Jahrhundert gestaltet. Abends werden verspiegelte Fensterläden geöffnet – tagsüber sind sie in Boxen verborgen, die in die Wand eingelassen sind. Ein großer Teil der Möbel, einschließlich der Liege aus hellem Holz, wurde von John Simpson selbst entworfen. (Siehe auch S. 222.)

Tropisches Weiß auf einer Insel

Wenn man ein Haus in den Tropen ausstattet, übertrifft Weiß jedes andere Farbkonzept. In diesem Interieur auf der karibischen Insel St. Lucia wurden sogar die Telegrafenstangen aus Kiefernholz, die das weit ausladende Dach tragen, mit Kalkfarbe getüncht, um das Weiß nach oben hin ausklingen zu lassen. Abgesehen von seiner kühlen, reinen Wirkung, ist Weiß ein ausgesprochen harmonisierendes Element, es verbindet »harte« Oberflächen, wie Stufen aus Mauerwerk, und »weiche« Oberflächen, wie Sofas und Stühle, zu einer Einheit. Es eignet sich ebenso für einfarbige Polster wie für

geschnitzte, bemalte Möbel. Das Haus, das in schwindelerregender Höhe auf einer bewaldeten Klippe kauert, passt sich den Konturen der Landschaft an und ist rund herum von Terrassen umgeben, die zu den wichtigsten Räumen hin offen sind. Der Wohnbereich erstreckt sich über zwei Ebenen mit mehreren Sitzgruppen – einige bestehen aus freistehenden Sesseln, andere aus gepolsterten Sitzbänken mit Kissen en masse. Der obere Teil des Raumes hat Ausblick auf den Garten und die Hügel; der untere auf das Meer. Bei der Gestaltung des Hauses wurden alle Vorteile genutzt, die die herrlichen Ausblicke bieten. Der Entwurf entstand in Zusammenarbeit von Marc Johnson, Ian Morrison und Judy Johnson (siehe auch S. 146).

Ein Wohnzimmer in einem Künstlerstudio

Das Haus von Charles Beresford-Clark in Sussex wurde 1910 in einem Stil gebaut, der nicht besonders attraktiv war, hat aber inzwischen dank einiger kleiner Tricks das etwas gefälligere Aussehen eines bescheidenen Pfarrhauses aus den vierziger Jahren des neunzehnten Jahrhunderts angenommen. Neben dem Haupthaus (siehe S. 100) war, ebenfalls zu Beginn dieses Jahrhunderts, ein freistehendes Künstlerstudio gebaut worden, das für Charles Beresford-Clark einer der Hauptanziehungspunkte des Hauses war: »Mir gefiel der Cottagecharakter des Haupthauses, aber mir fehlte mindestens ein großer Raum.« Aus dem Studio ist inzwischen der große, hier abgebildete Wohnraum geworden. Er beherbergt einige Familienstücke, einschließlich einer Garnitur rustikaler Stühle, die die Großmutter von Charles Beresford-Clark im Stil der dreissiger Jahre bemalt hat. Die Wände wurden mit Profilholz-Paneelen verkleidet, die umbraweiß gestrichen wurden. Ein hoher Bücherschrank reicht bis über die Holzverkleidung der Wände und ist ein wichtiges vertikales Element in diesem hohen Raum.

Eine ganz natürliche Entwicklung

Der französische Designer François Catroux ist international bekannt als Ausstatter eleganter und eigenwilliger Interieurs. Im Laufe der Zeit hat sich der Stil seiner Entwürfe mehrfach geändert. Angefangen hat es mit den leuchtenden Farben der späten sechziger Jahre, dann kamen der kühle, zweckorientierte Look der siebziger Jahre und der chice Neoklassizismus der achtziger Jahre. In letzter Zeit tendierte er mehr zu unkonventionellen Entwürfen, was zu seinem Ferienhaus, einem provenzalischen Bauernhaus aus dem vierzehnten Jahrhundert, besonders gut passt. In dem Wohnraum mit dem hier abgebildeten gemauerten Gewölbebogen hat er aus den natürlichen Texturen von Naturstein, Holz, Eisen und Leder ein harmonisches Ensemble geschaffen. Er hat auch den fast mittelalterlichen Charakter der Raumstruktur zur Geltung gebracht, indem er einen ungewöhnlichen Fußboden aus poliertem Beton, mit Inkrustationen aus heimischen Kieselsteinen, verlegt hat. François Catroux kreiert zwar gern interessante Interieurs, aber er legt stets

Wert darauf, dass sie praktisch und behaglich sind und dem heutigen Lebensstil entsprechen müssen. Hier begeht er den unentschuldbaren Fauxpas, dass er einen großen Fernsehapparat so platziert, dass man vom Sofa aus ganz bequem fernsehen und gleichzeitig den Anblick des Kaminfeuers genießen kann. Rechts und links vom Kamin befindet sich je ein Stellschirm aus Holz, dessen Paneele jeweils aus einer einzigen Holzplanke bestehen. Vom Fernsehbereich aus führen flache Stufen zu einer weiteren Sitzgruppe (siehe oben und gegenüberliegende Seite) mit Spieltisch vor dem Fenster. (Siehe auch S. 202.)

Die Liebe zu Stoffen

Französische Wohnzimmer wirken – im Vergleich zu englischen – häufig steif und eingezwängt, hauptsächlich weil die Sitzmöbel so gerade und aufrecht sind und meist in sehr präziser Formation platziert werden. Das hier abgebildete französische Interieur hat nichts von dieser zugeknöpften Art und Weise an sich. Es wirkt ganz leger und strahlt in jedem Winkel Behaglichkeit aus. Sein einladender Charakter erklärt sich daraus, dass seine Bewohner, Lord und Lady Ashburton, Engländer sind und Sally Ashburton ihrer Leidenschaft für alte Textilien freien Lauf gelassen hat. Der Mustermix wirkt dennoch harmonisch, weil die Stoffe von jemand ausgewählt wurden, der ein klares Auge und echtes Verständnis für Stoffe hat.

Von den dreißiger bis zu den neunziger Jahren

»Unsere früheren Wohnungen waren modern, aber hier wollten wir sehen, was die dreissiger Jahre den Neunzigern bieten können.« Mit diesem Vorhaben im Sinn bezogen Stany Janssen und Jan Verschuere ein modernes Haus in Belgien, das Marc Corbiau entworfen hatte. Sie waren überzeugt, dass *Art-Deco*-Möbel in das Haus passen würden, aber ebenso wichtig war ihnen, dass ihre Sammlung afrikanischer Kunst sich gut integrieren lassen würde. Claire Bataille und Paul Ibens wurden beauftragt, bei der Dekoration des Hauses behilflich zu sein, das den Vorteil hat, große Fenster nach

DE KAST
DUPRE-LAFON

Süden zu besitzen. Diese bieten viel Licht und Panoramaausblicke auf den Garten. Die Dekoration des Hauptwohnraumes ging sehr schnell voran, weil die Innenausstatter vier schöne *Art-Deco*-Sessel gefunden hatten. Gesteigert wird ihre Wirkung durch einen Walnusstisch aus den dreissiger Jahren, auf dem eine Gruppe afrikanischer Masken ausgestellt ist. Die Liege aus Birke wurde von Claire Bataille und Paul Ibens entworfen. Die strategisch vor dem Fenster platzierte afrikanische »Spiegel«skulptur sieht aus, als stünde sie im Freien. In einem völlig anderen Stil – aber zum neutralen Farbkonzept des Raumes passend – ist Michael Mouffes Gemälde »Monochrom« über dem Sofa.

Ein einfaches Konzept für einen Mehrzweckraum

Vor zehn Jahren, als Architekt und Innenausstatter David Easton sein Haus im Staat New York baute, hat er nach einem sehr einfachen Konzept gearbeitet. Da er bei Partys beobachtet hatte, dass – ganz gleich, welche Möglichkeiten es gab – die Gäste sich immer in einem einzigen Raum zusammenfanden, war er der Meinung, dass ein Mehrzweckwohnraum eine bessere Lösung sei als drei kleine Räume, von denen jeder einen bestimmten Zweck hat. Sein Wohnraum, ein Raum von beachtlicher Größe mit großzügigen Fenstern, der gleichzeitig als Speisezimmer und als Lesezimmer benutzt wird, hat volles Tageslicht, das durch helle Wände und eine Decke, die bis zu den Dachbalken offen ist, noch intensiviert wird. Ein Kamin an jedem Ende des Raumes sind Mittelpunkte für die diversen Funktionen des Raumes: An einem Ende kann man sitzen und lesen, am anderen arbeiten und essen. Mexikanische Fußbodenfliesen und gekalkte Eichenbalken bilden den rustikalen Rahmen für die Möbel und die dekorativen Objekte, die in vielen Jahren zusammengetragen wurden. Die Art und Weise, wie die Objekte platziert sind, ist eine hübsche Mischung aus Zufall und sorgfältiger Anordnung. Besonders attraktiv sind die Nischen über den Türen, in denen Delfter Deckelvasen zur Schau gestellt sind.

Elementare Formen – monumentale Ausmaße

Dieser provenzalische Wohnraum hat einen ausgesprochen robusten Charakter: Die Bauweise ist solide, und obwohl das Gebäude neu ist, sieht es genauso rauh und erdgebunden aus wie die alten Häuser in der Nachbarschaft. Blickpunkt des Raumes ist ein Kamin aus dem achtzehnten Jahrhundert, der, etwas zurückgesetzt, hinter einer Bogenöffnung platziert ist. Zwei Chesterfield-Sofas, ausgestattet mit auffallend gemusterten Kissen, stehen rechtwinklig zum Kamin. Mehrere Tische und eine Truhe aus grobem Holz passen zu der elementaren Architektur, und das Kelimmuster des Sesselbezuges fasst alle Farben zusammen, die im Raum vorkommen. Das Haus wurde von Robert Dallas für Barry und Victoria Myers ausgestattet. (Siehe auch S. 142.)

SIBERIA
Beckett

Bibliotheken und Arbeitszimmer

Veränderungen in der Organisation der Arbeitswelt und neue Kommunikationstechniken ermöglichen es vielen Menschen, ihren Lebensunterhalt von zu Hause aus zu verdienen. Die Notwendigkeit eines Büros in diesem Zusammenhang liegt auf der Hand, aber andererseits richten sich auch Leute, die jeden Tag zu ihrer Arbeitsstätte fahren müssen, gern eine Bibliothek oder ein kleines Arbeitszimmer ein, in das sie sich abends oder an Wochenenden zurückziehen können, um private Schreibarbeiten zu erledigen oder in Ruhe lesen zu können. Wenn der Platz für ein separates Arbeitszimmer nebst Bibliothek nicht ausreicht, könnte man auch eine Bibliothek mit einem wenig benutzten Speisezimmer kombinieren – wie bei dem französischen Interieur auf der folgenden Seite. Dieser Raum ist ein Beispiel für einen Countrylook, bei dem Kontraste effektvoll eingesetzt wurden: Die Bücherwand dient dem rustikalen Kronleuchter aus Geweihen als kultivierter Hintergrund. Die Räume auf den Seiten 98 und 99 sind viel moderner, durch ihre großen Fenster wirken sie hell und freundlich.

Dieses kombinierte Arbeitszimmer nebst Bibliothek befindet sich in einem ehemaligen Kuhstall – daher die einfache, aber interessant gestaltete Architektur. Der Umbau des Gebäudes durch John Stefanidis trägt dem ursprünglich bäuerlichen Charakter des Gebäudes durch den kalkweißen Anstrich der Wände und den Fußbodenbelag aus unglasierten Ziegeln Rechnung. Für eine solche Umgebung hätten viele Innenausstatter, um sicher zu gehen, Countrymöbel gewählt, aber John Stefanidis hat sich etwas Originelleres einfallen lassen und hat sachliche, zeitgenössische Stücke verwendet.

CHRISTIAN BERARD
BERARD
JARDINS EM PORTUGAL
Portugal

Doppelte Nutzung

Eine Bibliothek mit einem Speisezimmer kombinieren heißt, Raum ökonomisch zu nutzen. Bei diesem Mehrzweckraum haben Maurice Savinel und Roland le Bévillon zwei ihrer liebsten Dekorationselemente reichlich eingesetzt, nämlich Symmetrie und den provenzalischen Stil. Beides kann man an der Gestaltung der Türen erkennen. Erstens ist nur eine Tür (diejenige links im Bild) echt; die andere ist vorgetäuscht und wurde, der Symmetrie wegen, quer über die Ecke des Raumes installiert. (Die Bullaugenfenster über beiden Türen sind ebenfalls Attrappen.) Zweitens, die Verglasung der oberen Türhälften mit den gerüschten Gingham-Gardinen ist eine bezaubernde Anspielung auf provenzalische Interieurs. In Wirklichkeit befindet sich der Raum in Paris, aber er ist mit so viel Raffinesse komponiert, dass es scheint, als sei er weit von der Stadt entfernt. Der alte Apothekerschrank, der Kronleuchter aus Geweihen und die bemalten Stühle tragen zu der smarten, aber warmen Rustikalität bei.

Gestaltung eines Dachgeschosses

Die Räume dicht unter dem Dach sind architektonisch häufig besonders interessant, was sich vorteilhaft nutzen läßt. Für Innenausstatter Robert Hering bot der alte Heuboden einer umgebauten Kutschenremise (siehe S. 40) nutzbaren Raum für ein separates Arbeitszimmer, das den Hauptarbeitsraum entlasten sollte. Er betonte die Symmetrie der Dachschrägen durch eine entsprechende symmetrische Ausstattung. Sein Konzept ist sehr einfach; es gibt praktisch keine Farben und – abgesehen von dem Rollo – auch keine Muster, und dennoch hat dieser beschränkte Raum starke visuelle Aussagekraft. Von den in gedämpftem Weiß angestrichenen Wänden aus Natursteinen heben sich handfeste Möbel aus warmfarbigen Hölzern ab.

DICTIONARY
World Ceramics

Visueller Rhythmus

Aus dem Wechselspiel zwischen Bücherschränken und Fenstern in diesen beiden Räumen ergibt sich ein angenehmer visueller Rhythmus. Der Wohnraum von Hugh und Anne Millais (links), der sich in einem umgebauten Stallgebäude in Oxfordshire befindet, ist mit zwei imposanten Bücherschränken ausgestattet. Sie waren einst Ausstattung eines Ladengeschäfts und stammen zufällig aus der gleichen Zeit wie das Stallgebäude selbst. Das von Bob Perkins entworfene Arbeitszimmer in einem Haus in Leicestershire (oben) hat durch den dunkelgrünen Wandanstrich einen maskulinen Touch bekommen. Der Raum wirkt gemütlich und behaglich, und die helle Farbe der Unterschränke und der Rückwände der Bücherregale verleiht dem ganzen Konzept eine frische Note.

Illusionistische Malerei

Die beiden abgebildeten Arbeitszimmer haben etwas gemeinsam. Sie befinden sich beide in ungewöhnlichen Gebäuden – das obere in einem restaurierten italienischen Wachtturm aus dem sechzehnten Jahrhundert; und das auf der gegenüberliegenden Seite in einem umgebauten Schweinestall, in einem Garten in Wiltshire – und beide sind mit meisterlicher *trompe-l'œil*-Malerei ausgestattet. Die Bemalung des italienischen Arbeitszimmers, dessen Ausgestaltung von Renzo Mongiardino und Elsa Peretti geleitet wurde, ist eine witzige Anspielung auf das Alter des Raumes: Sie stellt bröckelnde Wände mit Rissen dar und eine Decke mit großen, klaffenden Löchern – eine Arbeit von hoher künstlerischer Qualität. In dem Raum in Wiltshire wurde die »Marmor«-Verkleidung von dem dort ansässigen Zimmermann William Critchfield nach einem Entwurf von Renzo Mongiardino ausgeführt und von Nemone Burgess bemalt.

Leger

Holz und Metall

In dem Haus von Stany Janssen und Jan Verschuere, das von dem Architekten Marc Corbiau entworfen wurde, ist die Bibliothek (links) mit dem Hauptwohnraum (siehe S. 80) durch eine türlose, deckenhohe Öffnung verbunden. Die Innenausstattung von Claire Bataille und Paul Ibens basiert vorwiegend auf zwei Materialien, die auch in den übrigen Räumen vorherrschend sind: Holz und Aluminium. Dem minimalistisch gestalteten Kamin gegenüber befinden sich eine speziell angefertigte Sitzbank, deren Rahmen aus Birke ist, und ein Bücherregal aus Aluminium. Die Kombination von Arbeitszimmer und Bibliothek im Bild oben ist ebenfalls direkt mit einem Wohnraum verbunden und mit Möbeln aus hellem Holz ausgestattet. Dieses Ambiente wirkt urbaner, obwohl der Ausblick ins Grüne dem Raum einen Hauch von ländlicher Atmosphäre und Freiheit gibt, der von den hellen Farben der dreißiger Jahre sowie dem Olivenholz von Sofa und Schreibtisch unterstrichen wird. Die Bücherregale wurden in Einklang mit dem Stil der Möbel aus den dreissiger Jahren und dem modernen Ambiente entworfen. Die Innenausstatterin war Monique Duveau. Beide Räume demonstrieren einen zeitgenössischen Wohnstil, der vorwiegend ländlich wirkt.

Dezente Schnörkel

Der Dekorationsstil von Charles Beresford-Clark ist von Eleganz und Understatement gekennzeichnet, aber innerhalb dieses Rahmens bringt er diskret dramatische Schnörkel an – gerade genug, um ein Interieur lebendig zu gestalten, ohne dass die Akzente miteinander in Konflikt geraten. Um mehr Licht und Raum in seinem relativ kleinen Haus in Sussex zu gewinnen, öffnete er einen Durchgang mit flachem, gotischem Bogen zwischen dem Arbeitsraum und der benachbarten Diele, die bis dahin sehr schmal und sehr dunkel war. Im Arbeitszimmer wurden die Wände mit einer aufgemalten Holzvertäfelung dekoriert. Extravagant gestalteter Blickpunkt des Raumes ist der hervorragend gestaltete Kamin im gotischen Stil, auf dessen Sims wenige Objekte in Alabaster ausgestellt sind – eine farblich perfekte Ergänzung des eleganten, monochromen Farbkonzepts dieses Raumes. Die Farbpalette auf der anderen Seite des bogenförmigen Durchgangs ist ähnlich, nur die Wand entlang der Treppe ist mit Blumenmotiven bemalt. (Siehe auch S. 72.)

SPEISEZIMMER

Speisezimmer in Stadtwohnungen kommen gewöhnlich abends am besten zur Geltung, wenn die Vorhänge zugezogen sind und die Außenwelt ausgeschlossen ist. In ländlicher Umgebung sind Speisezimmer im Allgemeinen eher »Tagräume«: sie sind heller und freundlicher und strahlen eine Heiterkeit aus, die besser zu Wochenendlunches passt als zu romantischen Diners. Selbst ein extravagant ausgestattetes Speisezimmer in ländlicher Umgebung gewinnt durch einen unkonventionellen Touch – etwa durch besondere Farbeffekte bei der Wandgestaltung oder durch Terrakottafliesen auf dem Boden. Ein gutes Beispiel für ein solches Konzept ist das mit Sinn fürs Dramatische gestaltete Interieur auf Mallorca (S. 108). Auch die Speisezimmerwände in Jenny Halls Haus in Frankreich (S. 114) haben etwas Raues, Unfertiges – als perfekte Ergänzung des monumentalen, in Stein gehauenen Kamins. Beide Räume profitieren von interessanten Gegenüberstellungen: in einem Fall ist es ein französisches Tryptichon aus dem achtzehnten Jahrhundert, das an eine hellterrakotta getünchte Wand gehängt wurde; im zweiten Fall wurden moderne Möbel und zeitgenössische Kunst kühn in eine alte Umgebung gestellt.

Die blau gemusterten Stoffe wirken kühl und sommerlich in diesem Speisezimmer, das direkten Zugang zum Garten hat. Die Buchsbäume dicht vor der Tür sind in Form geschnittene »Gartenornamente« – Bindeglieder zwischen dem Haus und dem üppig grünenden Garten im Hintergrund. Die Raumdekoration schuf Yves Taralon, dessen Haus auf S. 28 und 188 abgebildet ist.

Ganz natürliche Zeitgenossen

Ein Reihenhaus aus dem siebzehnten Jahrhundert, nahe der Themse in Richmond, ist der Rahmen für dieses mit Kiefernholz vertäfelte Speisezimmer, das mit dem Auge des Antiquitätenhändlers und dem warmen Herzen eines Sammlers eingerichtet wurde. Mollie Evans Liebe zu schönen, alten Dingen setzt sich über Epochen und Stile hinweg: irgendwie existiert alles, was sie auswählt, glücklich nebeneinander. Hier wird ein ovaler französischer Tisch aus Ulme aus dem neunzehnten Jahrhundert mit einer Garnitur Stühle mit Binsensitzen und spindelförmigen Rückensprossen aus Lancashire kombiniert. Naive Seestücke, bezaubernde Stickmuster, Marmorobjekte, ein spanisches, aus Holz geschnitztes Schwein aus dem neunzehnten Jahrhundert – all diese Objekte scheinen natürliche Zeitgenossen zu sein.

Räume zum Verweilen

Diese beiden Speisezimmer befinden sich im Landhaus des New Yorker Designers John Saladino. Die palladianische Villa liegt in Connecticut, am Fuß der Berkshire-Berge. Die Innenausstattung des Hauses ist von untertriebener Eleganz, aber mit einer Leichtigkeit, die die Kluft zwischen der noblen Architektur und der ländlichen Umgebung überbrückt. Der achteckige Frühstücksraum (oben) hat einen Schieferboden und verglaste Türen, die ins Freie führen – alles in allem ein kühler Platz für einen sommerlichen Lunch. Die silberne Laterne mit den blauen Glasscheiben stammt aus Indien, als es noch britische Kolonie war. Das Hauptspeisezimmer (gegenüberliegende Seite) ist viel größer. Es ist ausgestattet mit einem runden Tisch von 2 Metern Durchmesser, einem 2 Meter hohen Spiegel, ungewöhnlich langen Kerzen und einem riesiges Bild von Cy Twombly. Dieses Kunstwerk und die Anrichte aus Walzstahl darunter ist das, was John Saladino »den Zwanzigsten-Jahrhundert-Bestandteil des Raumes« nennt. Im Speisezimmer und im Frühstückszimmer stehen ähnlich gestaltete Sessel mit runden Rückenlehnen. Sie sind weich und bequem, »damit die Gäste stundenlang darin verweilen können«. (Der Wohnraum des gleichen Hauses ist auf S. 58, der Schlafraum auf S. 196 abgebildet.)

Mit Sorgfalt komponiert

Ursula Hubeners Speisezimmer auf Mallorca wirkt wie eine jener Kompositionen, bei der die Objekte nach einem sorgfältig ausgearbeiteten Plan platziert wurden. Auf dem Tisch flankieren zwei Windlichter eine hohe Schale mit köstlichen Früchten. Weitere Früchte werden in einem grünspanfarbenen Korb auf einem Konsoltisch präsentiert; er ist Mittelpunkt eines symmetrischen Arrangements aus rankenden Grünpflanzen auf Piedestalen mit gotischem Dekor, vergoldeten Kerzenleuchtern und Appliken in Form von Fackeln. Die Wände sind hellterrakotta getüncht und erinnern an die sonnengebleichten Farben der umgebenden Landschaft, während die türkisfarbenen Rahmen der Türen und Fenster die Farben der Malerei und der Möbel reflektieren (siehe auch S. 48).

Den Charakter erfassen

Ein altes Cottage restaurieren ist wie ein Spaziergang auf dem Hochseil. Es ist nur allzu leicht, in die Falle zu tappen und Dekorationen und Möbel zu wählen, die zu großartig für den bescheidenen Charakter des Gebäudes sind. Der Architekt Giles Vincent hat diesen Drahtseilakt mit Bravour geschafft, als er das Cottage in Sussex aus den neunziger Jahren des achtzehnten Jahrhunderts (siehe auch S. 132 und 204) umgestaltete. Die ehemalige Küche wurde zur Diele (oben), die in das Speisezimmer führt. Die neuen Türrahmen und die Vertäfelung der Sockelzone sind in einem dunklen, gedämpften Grünton gehalten. Das Holzwerk im Speisezimmer ist in

einem etwas anderen Grün mit einem Hauch von Bronze bemalt und kontrastiert ebenfalls mit den helleren Wänden. Die Decken in beiden Räumen sind holzvertäfelt und gestrichen. Der Kamin nebst Kaminverkleidung wurde zum strukturellen Mittelpunkt des Raumes und dient einem holländischen Stillleben als Hintergrund. Das gotische Dekorationskonzept des Raumes ist vorgegeben durch das neue, kielbogenförmige Fenster und wird aufgenommen von der Laterne und den Rücken der Metallstühle, die zum Tisch aus Obstholz gehören. Die Stühle sind modern, aber von einer Schlichtheit, die im Einklang mit dem Charakter des Cottage ist.

Ein Raum voller Kontraste

Dieses Speisezimmer (rechts) in der Provence mit zurückhaltenden Anklängen an den ländlichen französischen Dekorationsstil und mit dem schicken Mix von Alt und Neu enthält – wie in einer Nussschale – alle Elemente des aktuellen Dekorationstrends. Es ist ein Raum voller Kontraste: Möbel im Louis-seize-Stil stehen auf einem mit Terrakottafliesen belegten Fußboden; in einem gigantischen venezianischen Spiegel aus den dreißiger Jahren spiegeln sich Stockrosen aus gestanztem Blech aus dem neunzehnten Jahrhundert und die einfarbigen Wände bilden das Gegengewicht zu den graziös gewundenen Formen des Kronleuchters. Ein etwas kleinerer Kronleuchter aus Metall gehört zur Dekoration eines kleineren, unkonventionellen Speisezimmers (oben) im gleichen Haus, in dem typisch französische, rustikale Stühle um einen runden Tisch mit einer opulenten, prachtvoll gestalteten Mittelstütze stehen. Eigentümerin und Innenausstatterin des Hauses (siehe auch S. 32 und 180) ist die Künstlerin Catharine Warren, von der das Gemälde in dem großen Speisezimmer stammt.

Eine faszinierende Kombination

Der alte, steinerne Kamin in dem links abgebildeten Raum hat die faszinierende Eigenschaft, handwerkliches Können und Formen früher Kunst miteinander zu verbinden. Jenny Hall hat ihn bei einer Abrissfirma aus der Umgebung gekauft und in ihrem Haus in der Nähe von Toulouse in Südwestfrankreich (siehe auch S. 192) einbauen lassen, wo er seine monumentale Präsenz entfalten kann. Seine imposante Größe ist der Grund, weshalb er so gut dorthin passt – ein kleinerer Kamin hätte in dieser Umgebung recht gewöhnlich und fehl am Platz gewirkt. Auf dem Kaminsims stehen zwei kleine Reiterstatuen von Anna Noel, die speziell für diesen Platz in Auftrag gegeben wurden. Jenny Hall, die eine wichtige Auftraggeberin für Künstler, Designer und Handwerker ist, hat auch den Tisch in Auftrag gegeben, der von Jeffrey James angefertigt wurde. Auch dieser Tisch mit seinen unbehauenen Beinen und seiner massiven Platte hat einen robusten Charakter, der gut zu der übrigen Einrichtung passt. Das oben abgebildete Speisezimmer befindet sich in England, im Haus von John Stefanidis, ebenfalls in ländlicher Umgebung. Ähnlich wie Jenny Hall, hat John Stefanidis eine Linie gefunden, die einfach, rustikal und modern ist – allerdings hat er dem Konzept durch gepolsterte Stühle und einen selbst entworfenen Baumwoll-Dhurrie eine etwas gefälligere Note gegeben. Die soliden Möbel sind von schlichter Eleganz und wurden ebenfalls von John Stefanidis entworfen.

Luxus mit Sinn für das Dramatische

Dieses Speisezimmer befindet sich in einem Haus, das auf den ersten Blick eine lange Geschichte zu haben scheint, aber in Wirklichkeit wurde es erst vor wenigen Jahren gebaut. Es liegt in einem Vorort von Madrid und wurde von dem spanischen Architekten Pablo Carvajal entworfen; die Innenausstattung stammt von Monika Apponyi von der Firma MM Design, London. Der Auftrag lautete, das Ambiente sollte luxuriös, aber nicht protzig sein. Das dramatische Farbkonzept in Rot und Gold hat die Ausstrahlung alter venezianischer Paläste, was hauptsächlich der Wandgestaltung von Michael Daly zu verdanken ist. Die spektakulärsten Elemente sind die beiden italienischen Konsoltische aus dem achtzehnten Jahrhundert und die venezianischen Spiegel rechts und links von der Flügeltür aus Mahagoni. Die opulenten Fensterdrapierungen und die schwere Seide der Stuhlbezüge stehen in auffallendem Kontrast zu dem Bodenbelag aus heimischen Materialien. (Das Frühstückszimmer des gleichen Hauses ist auf S. 124 abgebildet.)

Schatteneffekte

»Wenn ein Raum von Natur aus dunkel ist, akzeptiere die Tatsache und entwirf ein gutes Beleuchtungskonzept, das die Wirkung der Schatten zur Geltung bringt«, schlägt Innenausstatterin Marion Lichtig vor. Da dieser Raum sich im Keller eines Stadthauses befindet, hat er verhältnismäßig wenig Tageslicht und eine niedrige Decke – zwei Faktoren, die er mit vielen Cottageräumen gemeinsam hat. Die Dekoration dieses Interieurs hat nicht nur eine rustikale Note, sie zeigt auch, dass man nicht davor zurückschrecken sollte, ungewöhnliche Maßstäbe und Kontraste in solchen Räumen zu verwenden. »Als die Leute der Baufirma die Ziegel unter dem Putz freilegten, wurde mir klar, dass die Gegenüberstellung von unverputzten Wandflächen und konventionellen Möbeln eine gute Mischung ergeben könnte, besonders, wenn man das Ganze mit Leinenvorhängen und ein paar überdimensionalen Objekten kombiniert.« Der Kamin wurde bewusst als Kontrapunkt zu den Ausmaßen des Raumes installiert. Es wurden ausnahmslos Naturfarben und pergamentähnliche Farben verwendet, ein Konzept, das sich in den Buchrücken fortsetzt.

Hübsch aus jedem Blickwinkel

Es gibt zwei Blickpunkte im Speisezimmer des Hauses von Albert und Murray Douglas im Norden des Staates New York: den schön bemalten österreichischen Schrank von 1798 und den Kamin mit den Kupferstichen. Die Korallenfarbe ist ein perfekter Hintergrund für den Schrank und die Stiche, und hat außerdem die praktische Eigenschaft, am Abend warm zu wirken und frisch am Tage, wenn der Raum für sommerliche Lunches benutzt wird. Die Fenster sind ohne Vorhänge, aber der blau-weiß gemusterte Stoff der Stuhlbezüge ist sehr wirkungsvoll. Murray Douglas, eine der hoffnungsvollen Führungskräfte des Stofffabrikanten Brunschwig & Fils, hat lose Bezüge für die Stühle anfertigen lassen. Sie werden auf der Rückseite mit Bändern geschlossen und wurden aus zwei verschieden gemusterten Stoffen angefertigt. Die ovale Form des Tisches spiegelt die Wölbung der Decke wider.

Weiche Farben und weiche Texturen

Die von Nancy Braithwaite dekorierten Räume sind Beispiele eines schlichten, traditionellen Countrystils, der gleichzeitig elegante, moderne Vitalität ausstrahlt. Als kenntnisreiche Sammlerin von rustikalen Südstaatenmöbeln (siehe auch S. 20 und 34) kennt sich Nancy Braithwaite in diesem Genre gut genug aus, um neue Stücke zu entwerfen, die zu ihren ungewöhnlichen Antiquitäten passen. Den rechteckigen Esstisch aus Kieferkernholz und den eisernen Kronleuchter in ihrem Speisezimmer (oben und gegenüberliegende Seite) hat sie selbst entworfen, und beides passt perfekt zu dem hohen »hunt board«, dem Jagdtisch, aus dem neunzehnten Jahrhundert, auf dem zwei Edgefield-Keramiken aus Süd-Carolina, ebenfalls aus dem neunzehnten Jahrhundert, stehen. Ohrensessel sorgen für Behaglichkeit, und die Naturfarbe ihrer losen Bezüge harmoniert mit den warmen Holztönen und dem rötlichen Braun der Wände, das mit dem Schwamm aufgetupft wurde. Der Stil des Frühstückszimmers (gegenüberliegende Seite, oben) mit seinem feingliedrigen Kronleuchter und den Korbstühlen ist leicht und beschwingt. Die Wände sind mit Holzpaneelen aus dem achtzehnten Jahrhundert vertäfelt, an denen Feuersäcke aus dem frühen neunzehnten Jahrhundert hängen, die einst dazu dienten, Kostbarkeiten zu schützen.

PETER
MARTIN
1831

Farbenfroh und idyllisch

Das Farbkonzept dieses reizenden, von Monica Apponyi von der Firma MM Design entworfenen Frühstückszimmers basiert auf dem heiteren, gelb-blauen Muster des *toile-de-Jouy*, das ländliche Idylle des achtzehnten Jahrhunderts darstellt. Eine Wandbespannung mit einem solchen Stoff ist besonders wirkungsvoll. Die *toile*-Bespannung wurde über die Schranktüren weitergeführt, so dass es nur minimale Unterbrechungen in der umlaufenden Wanddekoration gibt. Ein gelb-blaues, großes Karomuster ist die perfekte Ergänzung für den *toile* und ist ebenso wirkungsvoll als Vorhangstoff, Tischdecke und Bezugstoff für die Stuhlsitze und die Lampenschirme. (Das Hauptspeisezimmer im gleichen Haus ist auf S. 116 abgebildet.)

Byzantinische Anklänge

Die Decke der Säulenhalle in Uppark, dieses zauberhaften Landsitzes auf den South Downs, hat Sophie Warre zu der Dekoration des Speisezimmers in ihrem Haus auf dem Gelände von Uppark inspiriert. Die Gewölbedecke wurde in einem tiefen Blau bemalt, durch das ein wenig stumpfes Gold hindurchschimmert, was Anklänge an byzantinische Pracht hervorruft. Beide Farbdekorationen wurden von Laura Jeffreys ausgeführt. Die mit antikisiertem Leder bezogenen Speisezimmerstühle und der Tisch (eine erstklassige Kopie ei-

nes Regency-Frühstückstisches aus Suffolk-Ulme, Rosenholz und Ebenholz) wurden von Lou Quenton von der Firma The Suffolk Artisan angefertigt. In einer der flachen Nischen, über dem Sideboard, hängt ein Gemälde aus dem neunzehnten Jahrhundert, das einen riesigen Fisch darstellt. Rechts und links von der Nische wird die Vertikale durch ein Paar bemalter Konsolen mit Golddekor betont, auf denen je ein Kerzenleuchter steht. Das Speisezimmer öffnet sich direkt in den Wohnraum, der auf S. 46 und 140 abgebildet ist.

Ländliche Trophäen

Die Kartuschen mit Emblemen des ländlichen Lebens wurden von Marcus May auf Leinen gemalt und an den Wänden des Speisezimmers in einem Haus nahe der Loire befestigt, das von Katya Grenfell dekoriert wurde. Darstellungen landwirtschaftlicher Geräte werden gerahmt von Girlanden und Festons, ihre graziösen Linien werden von einem Metallkronleuchter aufgenommen – eine hübsche, aber ungewöhnliche Alternative zu einem Kristalllüster in einem Raum mit Stilmöbeln. Auf dem Marmorkamin unter dem Rokokospiegel steht eine ungewöhnliche Uhr aus dem neunzehnten Jahrhundert. Sie zeigt eine weibliche Figur, die einen Vogelkäfig festhält und von Laub- und Blumengirlanden umgeben ist. Die Kerzenschirme auf dem Tisch sind durchbrochen, was praktisch und dekorativ zugleich ist, da sie lichtdurchlässig sind und dadurch die Sitzenden nicht geblendet werden.

HUILE
Tapioca
Vermicelli
Riz
Sucre
Café

KÜCHEN

Eine kompromisslos stromlinienförmige Küche sieht zwar sehr aufgeräumt aus, wirkt aber nicht gerade einladend, wenn man sie mit einer ländlichen Küche vergleicht, bei deren Anblick man köstliche Assoziationen hat: gemütliche, selbst gekochte Mahlzeiten; Gläser mit eingemachten Früchten aus dem Garten; Körbe mit frisch geernteten Gemüsen. In Wirklichkeit stammt vielleicht überhaupt nichts aus dem eigenen Garten, aber der rustikale Stil der Innenausstattung regt die Phantasie an. Die Küchen auf den folgenden Seiten wurden alle nach ländlichen Konzepten ausgestattet und mit entsprechenden Symbolen dekoriert, dennoch unterscheiden sie sich dadurch, wie ihre Bewohner den Look den eigenen Bedürfnissen angepasst haben.

Die Küche in dem ehemaligen Schulhaus auf S.148 mit dem nostalgischen Kochherd, der mit modernster Technik ausgestattet ist, und dem Geschirrschrank mit offenem Oberteil voller Porzellan ist typisch englisch, während die übrige Dekoration – zum Beispiel die großen roten und weißen Karos der Wandverkleidung – erfrischend anders und eher französisch wirkt. Der auf S. 142 abgebildete Raum bezieht sein künstlerisches Thema aus der Umgebung – einer Gegend der Provence, die man mit einer Reihe berühmter Maler in Verbindung bringt. Farbe ist ein wichtiges Gestaltungselement in dieser Küche – ebenso wie in der Küche, die Johnny Grey (S.138) entworfen hat. Sie hat ein besonders interessantes Dekorationskonzept, weil es neuartig und modern ist, aber die Wärme eines traditionell ausgestatteten Raumes ausstrahlt. Mit den sanften, warmen Holztönen und der handwerklich anmutenden Ausstattung ist es ein Konzept, das – vorausgesetzt, es steht genügend Platz zur Verfügung – ebenso gut in eine Stadtwohnung wie in eine ländliche Umgebung passen würde.

Auf einem alten Backstubenregal sind einfache Haushaltsutensilien angeordnet und stellen ein phantasievolles Küchenstillleben dar. Alles ist künstlerisch und unsystematisch angeordnet; die Körbe, die Keramiktöpfe, immer wieder Blumen und ein Vogelkäfig lassen an einen ländlichen Garten denken. (Weitere Ansichten dieses Hauses an der belgischen Küste siehe S. 16.)

Erinnerungen an damals

Die neue Küche, die nach einem Entwurf von Giles Vincent an ein altes Cottage in Sussex angebaut wurde, sieht aus, als sei sie schon jahrelang an Ort und Stelle gewesen, von innen wie von außen. Die Rahmen der Sprossenfenster sind aus Eiche, die Scheiben sind handgearbeitet und bleigefasst, der Fensterverschluss trägt die Initialen des Eigentümers. Die Schränke sind enteneierblau bemalt nach dem Vorbild einer alten Meierei aus dem achtzehnten Jahrhundert in Somerset. Ein Belfast-Spülbecken trägt zur Authentizität des Ambiente bei – ebenso wie die Kaminummantelung, die einem *Arts-and-Crafts*-Original von 1905 nachempfunden wurde. (Weitere Räume dieses Cottage sind auf S. 110 und 204 abgebildet.)

Praktisch und einladend – zum Kochen und zum Essen

Hugh Millais kocht leidenschaftlich gern, er hat lieber eine große Küche, kombiniert mit einem Speisezimmer, als zwei separate Räume. Als er und seine Frau Anne ein verfallenes Stallgebäude in Oxfordshire umbauten, verwandelten sie einen Teil der Kutschenremise in ein Interieur mit freiem Grundriss, das den praktischen Erfordernissen des Kochens mit dem geselligen Bedarf des Speisens verbindet. Bemerkenswert sind die zwei Refektoriumstische – einer von beiden wirkt etwas feierlicher und wurde mit gepolsterten Stühlen kombiniert, hinter dem anderen steht ein Aga, ein nostalgischer Herd mit modernster Technik, vor einem Feuerschutz aus dem siebzehnten Jahrhundert. Auf offenen Regalbrettern sind Kochutensilien und einige herrliche spanische Keramiken ausgestellt. Der Fußboden aus Eichendielen ist strapazierfähig und wärmer als Fliesen.

In einem ganz speziellen Rahmen

Eine Küche muss praktisch sein, aber wenn sie sich in einem Gebäude mit besonders interessanter Architektur befindet, muss man auch diesen Aspekt berücksichtigen. In diesem Fall handelt es sich um eine Caprice im neugotischen Stil aus dem achtzehnten Jahrhundert in Hampshire (siehe auch S. 44). Eine moderne Einbauküche wäre hier völlig fehl am Platz gewesen, und aus diesem Grund entschlossen sich William Thuillier und Robert Perkins für eine altmodische Kücheneinrichtung und sanfte Farbtöne. Um die Wirkung zu steigern, wurde das Holzwerk antikisiert, und die meisten neumodischen Errungenschaften wurden hinter einem Vorhang unter dem Spülbecken versteckt. Eine zweite Spüle wurde in einen alten rustikalen Schrank aus Frankreich eingebaut.

Neue Maßstäbe für das Layout

Johnny Grey, der die Idee einer modernen, »uneingebauten Küche« propagierte, entwarf die Ausstattung dieses Raumes, der sich in einem Haus in Kensington befindet, obwohl man sich die Gestaltung der Holzoberflächen und den phantasievollen Einsatz von Farben und handwerklichem Können leicht in ländlicher Umgebung vorstellen könnte. Der Kunde hatte »einen Raum in Auftrag gegeben, der gleichzeitig als Familienwohnraum fungieren kann, aber elegant genug für ein Abendessen mit Gästen ist«. Da der urspüngliche Raum sehr lang war und die Gefahr bestand, dass er schließlich wie ein Korridor aussehen würde, war die Platzierung und die Form der diversen Arbeitsbereiche sehr wichtig. Im Teil mit der Insel kann der Koch die Mahlzeiten zubereiten, während andere ungehindert vorbeigehen können. Die Spülmaschine ist höher als die Arbeitsplatte, damit man das Spülbecken vom Esstisch aus nicht sehen kann. Die Möbel wurden vorwiegend aus Kirschholz angefertigt, und die Friese hat Lucy Turner bemalt.

Anspielungen auf die gärtnerische Vergangenheit

Diese Küche befindet sich in einem Haus, das sich aus einem kleinen Cottage für den Gärtner in ein Haus mit fünf Schlafzimmern für eine Familie entwickelt hat. Im funktionalen Teil des Raumes ist der Fußboden mit Schieferplatten belegt, ein alter Metzgerblock bietet eine solide Arbeitsfläche und eine Reihe kleiner Tontöpfe auf den Geschirrschränken erinnert an die gärtnerische Vergangenheit des einstigen Cottage. Durch ein Fenster mit gotischem Spitzbogen fällt Licht vom Wintergarten auf einen Tisch, der zum Blumenschneiden benutzt wird, und hoch über dem schönen Geschirrschrank, den Lou Quenton speziell für diesen Raum entworfen hat, baumeln Körbe aus Draht und Korbgeflecht an einem Balken. (Weitere Ansichten dieses Hauses siehe S. 46 und 126.)

SUCRE
POIVRE

veillant doutant roullant brillant et Meditant avant de s'arrêter à quelque point dernier qui le sacre

Lokalkolorit

Eine Insel von beachtlicher Größe, drei Meter lang und mehr als einen Meter breit, dient als Frühstücksbar und trennt die Küche von der Essecke in diesem Haus in Südfrankreich. Sie dient gleichzeitig als Stauraum, der unter der gefliesten Platte Schränke und Schubladen enthält. Diese Insel hat aber nicht nur funktionalen Charakter, sie ist ein Kunstwerk von Felix Delmer, das Erinnerungen an Künstler wachruft, die in dieser Gegend lebten und die sich von der Landschaft, den Farben und dem Licht inspirieren ließen. Hier sieht man Anspielungen auf die Malerei von Matisse, Picasso, Chagal, Miró und Léger. (Siehe auch S. 86.)

Granit und Stahl

Zur Zeit ist der Stil für ländliche Küchen vorwiegend nostalgisch, mit freistehenden Geschirrschränken und Schrankelementen aus Naturhölzern. Aber dieser Raum ist ein überzeugendes Argument dafür, dass eine fortschrittlichere Ausstattung ungewöhnlich attraktiv sein kann. Dieser lange, niedrige Raum mit den weißen Deckenbalken befindet sich in einem pittoresken Haus aus dem siebzehnten Jahrhundert im Westen Englands (siehe auch S. 184). Die Wände wurden in einem weichen, pastelligen Roséton bemalt, während eine ganze Wand von Einbaueinheiten aus Granit und Stahl bedeckt ist. Gegenüber dem Aga steht in der früheren Kaminnische ein großer, eingebauter Kühlschrank mit Glasfront – ein smarter, moderner Kontrast zu dem großen Eichentisch von Ed Nicholson und den traditionellen Gartenstühlen. In einem Nebenraum befindet sich ein Porzellanraum nebst Weinkeller (oben) mit leuchtend roten Wänden, von denen sich das blau-weiße Geschirr wirkungsvoll abhebt.

Offen für die Brise

Damit das Innere des Hauses so kühl wie möglich bleibt, wurde die Küche eines Hauses in der Karibik an drei Seiten mit Fenstern ausgestattet, die bis unters Dach reichen. Hier wie im übrigen Teil des Hauses (siehe S. 68) ist die Dekoration sehr einfach: »Mit einer derart verschwenderischen Fülle üppiger Vegetation rundherum und dem Blau des Meeres und des Himmels als atemberaubende Kulisse, würden zusätzliche Muster und Farben unaufgeräumt und verwirrend wirken«, sagt Innenausstatterin Judy Johnson. Die Schranktüren wurden – passend zu dem Holzwerk – mit Kalkfarbe getüncht; die Türen haben durchbrochene Paneele, die nicht nur attraktiv, sondern in diesem feuchten Klima auch praktisch sind.

Aufgemaltes Stoffmuster

»Ein totales Durcheinander von Alt und Neu«, so beschreibt William Yeoward das blau-weiße Porzellan im Geschirrschrank der Küche des 1830 erbauten Dorfschulhauses, das er und Innenausstatter Colin Orchard in ein ländliches Heim verwandelt haben. Die Küche hat einen extrovertierten, eher französischen Charakter, der von dem großkarierten Stoffmuster (Gingham) ausgeht, das auf die Wände gemalt wurde. »Es war die einzige Möglichkeit, zu einem Maßstab zu kommen, der kühn genug ist, und zu der richtigen Textur«, sagt Colin Orchard. Wie üblich konzentriert sich das Leben um den Aga, und deshalb wurde der Tisch nicht weit davon platziert. Die blau bemalten Stühle sind Kopien von Klassikern des französischen Countrystils. (Das Wohnzimmer des Schulhauses ist auf S. 36 abgebildet und eines der Schlafzimmer auf S. 194.)

BUTTER KNIVES
BUTTER

OFFENE RAUMPLANUNG

Eine offene Raumplanung ist keine allgemein gültige Lösung: sie funktioniert nur bei Menschen, die einen legeren, unkonventionellen Lebensstil haben. Doch wenn der Entwurf gut ist und gut zu den Bewohnern passt, ist ein freier Grundriss amüsant, variabel und praktisch. Die Integration der Küche in den allgemeinen Wohnraum eignet sich besonders gut für ein Ferienhaus, wo viele Leute kommen und gehen und wo die Mahlzeiten nicht nach festgelegtem Ritual eingenommen werden, denn hier kann sich derjenige, der gerade kocht, mit den Familienmitgliedern und den Gästen unterhalten. Zwei Ferienhäuser mit offener Raumplanung, die perfekt auf den legeren Stil ländlicher Lebensweise ausgerichtet ist, sind das Blockhaus in Colorado (S. 156) und die »Scheune am Strand« in Kalifornien (S. 176). Das Farmhaus auf einer australischen Schaffarm (S. 172) könnte man eher als konventionell bezeichnen, trotzdem gehört es mit seiner entspannten, einladenden Atmosphäre in diese Kategorie.

Alte Scheunen verfügen über genügend Platz und haben die richtigen Proportionen für eine offene Raumplanung, welche hier eine freistehende Treppe zur Galerie und zu den Schlafräumen vorsieht, die ebenfalls zu dem offenen Charakter des Raumes beiträgt. Die Trennlinie zwischen Wohnraum und Essecke ist durch ein großes Sofa gekennzeichnet, und weiter oben durch ein altes Patchworkquilt. Auf dem Sofa ist ein Paisley-Schal aus dem neunzehnten Jahrhundert locker drapiert. Der Raum wurde von Anne Vincent ausgestattet.

Bodenständige Formen und Texturen

Die Architektur der griechischen Inseln mit ihren bodenständigen Formen und ihrem leuchtend weißen Mauerwerk wird durch Textilien mit graphischen Mustern ergänzt. Hier, in dem neu erbauten Haus von Evi Minaidis auf Mykonos, passt das blau-weiße Karo genau ins Bild und gibt dem Ganzen ein modernes Flair. Der Raum, der sich zu einem gedeckten Essplatz im Freien öffnet (gegenüberliegende Seite und oben), ist perfekt ausgestattet für einen legeren Lebensstil während der Ferien: Die Theke in der Küche kann ebenso als Tisch wie als Arbeitsplatte benutzt werden; außerdem gibt es eine ins Mauerwerk integrierte Sitzbank mit bequem gepolstertem Sitz nebst Kissen; und an kühlen Abenden ist das Kaminfeuer ein willkommener Blickpunkt. Der Kamin ist in drei Stufen gebaut und füllt eine ganze Ecke. In seiner reizvollen Eigenart symbolisiert er den für die Gegend typischen, ländlichen Charakter des Hauses. Der Raum hat mehrere Ebenen, Plattformen aus Mauerwerk, dicht aneinander gereihte Deckenbalken und viele Nischen und Fenster in verschiedenen Größen, und alles fügt sich zu einem lebendigen Ganzen zusammen. Das Farbkonzept, das auf das reine Blau des Himmels und das Wasser der Ägäis anspielt, wird durch den Bodenbelag aus naturfarbenen Fasern erst richtig zur Geltung gebracht. Die Vorhänge hängen an Gardinenstangen, die ganz einfach mit Seilen an der Decke befestigt sind.

HOUSE
& GARDEN

Ein Bau mit symbolischem Charakter

Für ein Haus in einer dicht bewaldeten Bergregion ist Holz ein Baumaterial mit symbolischem Gehalt. North Star Lodge, in einem Tal östlich von Aspen, Colorado, ist ein großartiges Beispiel umweltfreundlicher Architektur, bei der Holz für die Dekoration wie für die Konstruktion verwendet wurde. Die Ausmaße sind enorm, einige der Eingangsportale sind sechs Meter hoch, aber das bodenständige Konzept ist von seinem Ursprung her eher bescheiden. Holly Lueders, eine New Yorker Innenausstatterin, die auch Möbel und Mode entwirft, schlug ihrem Kunden Dick Spizzirri vor, das Haus im Stil der Bergregionen des amerikanischen Westens zu bauen, mit Kiefern- und Fichtenstämmen, wie man sie für Blockhütten verwendet. Für das Projekt sollten keine Bäume gefällt werden – es sollten nur

Stämme verwendet werden, die bei Waldbränden unversehrt geblieben waren oder die von Käfern angefressen waren. Der Hauptraum – der »Great Room« – ist multifunktional, hier wurden Küche, Essbereich und Wohnbereich kombiniert. Es gibt sogar eine Galerie, hinauf führt eine spiralförmig gewundene Treppe. Den Wohnbereich im »Great Room« dominiert eine mächtige gemauerte Kaminfront; ein ebenso imposanter Kronleuchter aus Holz und Geweihen dient als Beleuchtung. Die Stuhllehnen im Essbereich sind aus geflochtenen Weidenzweigen, und die Tischplatte ist ein Mosaik, das Holly Lueders aus Fliesenfragmenten selbst zusammengesetzt hat. Im Küchenbereich steht eine Theke aus dem neunzehnten Jahrhundert, die aus einem Stoffgeschäft stammt, aber der absolute Höhepunkt befindet sich hinter der Kochstelle – eine Serie von »Fliesen aus der Neuen Welt« von Henry Mercer, einem der führenden Köpfe der amerikanischen *Arts-and-Crafts*-Bewegung und Gründer der Moravia Fliesenfabrik in Pennsylvania. Holly Lueders hat mit Hilfe der Originalmodeln, die ein halbes Jahrhundert nicht mehr benutzt worden waren, Kopien dieser Fliesen anfertigen lassen.

TOM WOLFE
INTERIOR DECORATION
Capability Brown
The Chinese Garden

Ein Turm voller Bücher

Als die amerikanische Romanschriftstellerin Roberta Latow nach Wiltshire zog, übernahm sie eine Ruine in einer romantischen Gegend, die aber, wie sich schließlich herausstellte, nicht mehr zu retten war, man war also gezwungen, von vorn zu beginnen. Sie und ihr Architekt Sir Anthony Denny von der Firma Verity & Beverly verwendeten Materialien der alten Ruine, die sorgfältig freigelegt worden waren, um ein neues Haus mit freiem Grundriss zu bauen, durch dessen doppelstöckige Fenster das Licht bis ins Innerste des Gebäudes strömt. »Da ich meist im Haus schreibe, brauche ich eine lichte Atmosphäre, und zwar eine, die es mir gestattet, im Haus herumzuwandern, ohne mich eingeengt zu fühlen.« Roberta Latow wollte damit vor allem der potentiellen Klaustrophobie einer traditionellen Bibliothek entgehen. Sir Anthony Denny entwarf eine Treppe mitten in einem Bücherturm, die überaus praktisch ist, weil man von dort aus an die Bücherregale in jeder beliebigen Höhe gut herankommt. Rund um die Treppen-Bibliothek wurde im Erdge-

schoss übergangslos Raum für den Wohnbereich, den Essbereich und die Küche geschaffen. Die Möbel wurden mit großem Abstand voneinander aufgestellt, damit die Lichtdurchlässigkeit der Raumplanung erhalten bleibt. Im obersten Stockwerk befindet sich das Arbeitszimmer (oben), hier sorgen reihenweise in offenen Regalen aufgestellte dekorative Karteikästen für eine effektive Katalogisierung der Bücher – und auch hier kommt kein Gefühl von Klaustrophobie auf. Großzügig bemessener Stauraum ist für jeden Haushalt wichtig, aber seine Möglichkeiten als dekoratives und auch als funktionales Element sind selten so gut durchdacht worden wie in diesem Haus.

Farbenfrohes Porzellan und Wild-West-Motive

Ein Gewirr von sechs kleinen Räumen in einem edwardianischen Haus in Chelsea wurde auseinander dividiert, um diesen großen, familienfreundlichen Raum zu schaffen, der als Küche, Essbereich und unkonventioneller Wohnraum dient. Die Farben und das allgemeine Ambiente sind sehr individuell gestaltet und viel weniger städtisch als die Lage vermuten ließe. Die Wände sind mit besonders breiten, gestrichenen Holzpaneelen mit ausgeprägten Profilen verkleidet, was dem Ambiente einen angenehm robusten Charakter verleiht. Die kräftigen Farben des Porzellans und die Muster der Teppiche und Cowboykissen lassen auf Carlyn Hunters Interesse am Design der fünfziger Jahre und an der Volkskunst und den Symbolen des Wilden Westens schließen. Die Teppiche, die über

die Sitzmöbel drapiert sind und an der Tür des Geschirrschrankes hängen, haben typisch indianische Muster, die in den Webereien von Beacon und Pendleton verarbeitet wurden und ursprünglich an den Handelsplätzen verkauft wurden. Gegenüber vom Erker mit dem langen, rustikalen Tisch ist so etwas wie ein großer Schrank mit Holztüren zu sehen, es handelt sich aber in Wirklichkeit um eine gut gemachte Tarnung: hinter der linken Tür verbirgt sich ein Besenschrank; hinter der rechten Tür ein Kühlschrank; und die mittlere Tür führt in eine Speisekammer. Und in der Mitte des Raumes trennt ein riesiger französischer Metzgertisch die Küche vom Wohnbereich (zu dem auch ein gemütlicher Kaminplatz gehört).

LES PALAIS VENITIENS

Umgeben von Farbe, inspiriert von Delft

Für die Textildesignerin Isabelle de Borchgrave ist das Entwerfen von Mustern eine Lebensaufgabe. Sie verbringt nicht nur ihre Arbeitszeit inmitten von dekorativen Stoffen, auch zu Hause umgibt sie sich mit lebhaften Farben und Motiven. Das Erdgeschoss ihres ländlichen Hauses in Brüssel war schon mit freiem Grundriss gestaltet, bevor sie dort einzog, und sie beschloss, den freien Grundriss beizubehalten, aber die einzelnen Bereiche durch verschiedene Farbkonzepte zu trennen. Der Hauptwohnraum ist als Bibliothek eingerichtet – mit großen Bücherschränken rechts und links vom Kamin. Rot ist die dominierende Farbe im bessarabischen Teppichmuster und in dem rustikalen Stoffmuster aus dem neunzehnten Jahrhundert. Ein pyramidenförmiges Regal trennt den Wohnbe-

reich vom Essbereich, einem spritzigen Ensemble in Blau und Weiß, mit einer Sammlung von Delfter Porzellan als Leitmotiv. Der spektakuläre Spiegel, der mit einer gemalten Umrandung im Delfter Stil dekoriert ist, spiegelt den Kristalllüster mit seinen anmutig geschwungenen Ketten aus kleinen Kristallkugeln. Neben dem Essbereich ist die Küche, in der man auch Mahlzeiten im Familienkreis einnehmen kann. Die Wände sind mit blau-weißen Fliesen verkleidet, die Isabelle de Borchgrave selbst bemalt hat, und an der Decke baumeln Körbe, Vogelkäfige und getrocknete Blumenbüschel – die eine ländliche Umgebung vortäuschen.

Die Herausforderungen einer Schaffarm

Das Leben auf einer Schaffarm in New South Wales in Australien bringt einzigartige Herausforderungen mit sich, nicht zuletzt das Problem, wie man das Haus kühl halten kann. John Coote, von John Waring beauftragt, das alte Farmhaus umzubauen, entwarf einen Plan, der vorsah, dass sich Vordertür und die Tür auf der Rückseite des Hauses genau gegenüberliegen, damit die Luft durch das Haus streichen kann. Mehrere separate, kleine Räume verwandelte er in einen 25 Meter langen Wohnbereich. Nun kann die Luft frei durch die diversen funktionalen Bereiche des Innenraumes zirkulieren, und zusätzlich wurde eine Air Condition diskret in die Deckenverkleidung aus Profilholzpaneele installiert. An einem Ende des Raumes befindet sich die Küche, die vom Essbereich durch eine Theke aus englischer Eiche getrennt ist. Neben dem Essbereich befindet sich ein unkonventioneller Wohnbereich, der wiederum in

einen eleganten »Empfangsraum« und zu einem Fernsehbereich führt. Der größte Teil der Möbel ist aus französischen Obsthölzern, die zusammen mit einem Marmortisch aus dem siebzehnten Jahrhundert dem Raum ein mediterranes Flair verleihen. Das Farbkonzept des Raumes wurde von den Sandtönen der Landschaft inspiriert, die man durch die französischen Fenster erblickt, und verstärkt durch drei verschiedene Fußbodenbeläge – handgearbeitete Tonfliesen, Seegrasmatten und Holzdielen.

Ein Mittel gegen Hollywood

Aus dem einst schäbigen, kleinen Cottage nebst Garage in Malibou, Süd-Kalifornien, wurde die »Hütte am Strand«, die Dot und Barry Spikings sich immer gewünscht hatten – das perfekte Gegenmittel zu ihrem Leben in Hollywood. Dot Spikings, von der Innenausstattungsfirma Barefoot Elegance, ließ Wände abreißen und schuf einen einzigen großzügigen Wohnbereich. Als sehr beschäftigter Filmproduzent hat Barry Spikings einen hektischen Stundenplan und muss ständig Besucher empfangen. Er und seine Frau »lieben es zu plaudern«, und deshalb war es wichtig, dass der Raum nicht nur seinen beruflichen Anforderungen genügt, sondern auch dem ruhigeren, unkonventionellen Lebensstil entspricht, den das Paar zu verwirklichen sucht, wenn sie allein sind. Zwischen dem Essbereich und der Küche gibt es keine Abgrenzung, und die Gäste können mit dem Koch plaudern. Über dem Wohnbereich schwebt eine Galerie mit einem Lunettenfenster und traumhafter Aussicht. Die Galerie dient außerdem als Gästezimmer. Für die Dekoration des

Cottage hat Dot Spikings sich von den Erfahrungen leiten lassen, die sie während ihres Aufenthaltes in der Karibik gemacht hat. Sie war sich der Wirkung von hartem Sonnenlicht auf Textilien bewusst und ebenso der Schäden, die salzige Meeresbrise und allgemeine Abnutzung eines Lebens zwischen drinnen und draußen mit sich bringen. Deshalb entschied sie sich für dauerhafte Materialien und für Farben, die sich der Umgebung anpassen: Weiß und helle Sandfarbe mit verschiedenen Blautönen. Die Wirkung ist frisch und erholsam, und die naiven Gemälde tragen zu dem rustikalen Charme des Hauses bei.

SCHLAFRÄUME UND BADEZIMMER

Von allen Räumen eines ländlich ausgestatteten Hauses hat das Schlafzimmer den stärksten romantischen Appeal für Stadtbewohner. In einem Raum mit weit offenen Fenstern zu schlafen, morgens die Vögel zu hören und nie ein vorbeifahrendes Auto… ist eine wahre Wohltat. Die umgebende Landschaft könnte sogar zu einer Innendekoration im »grünen« Stil inspirieren: Man kann sich kaum ein naturalistischeres oder originelleres Bett vorstellen als das auf S. 200 abgebildete in einer Berghütte. Hier wird die rustikale Dekoration durch die Verwendung von Materialien direkt aus der Natur für ein überaus phantasiereiches Kopf- und Fußteil aus Ästen und Zweigen bis zum Äußersten getrieben. Nicht ganz so sensationell, aber trotzdem recht prunkvoll ist das rot-weiß dekorierte, von François Catroux entworfene Bett für sein Haus in Südfrankreich (Seite 202). John Saladinos Schlafzimmer (S. 196) ist eine Übung in zeitgemäßer, schlichter Eleganz und Zurückhaltung: eine Zusammenstellung erlesener Möbel und Materialien mit Sinn für das rechte Maß. Auch das Schlafzimmer in Jenny Halls Haus (S. 192) hat eine moderne Note und ist in einer ähnlich neutralen Farbpalette ausgestattet.

Genau genommen handelt es sich hier um ein Ankleidezimmer, das gleichzeitig als Schlafzimmer benutzt werden kann. Ein blauweißer Stoff mit üppigem Blütenmuster wurde hier für die mit kleinkariertem Stoff gefütterten Vorhänge und für die Wandverkleidung verwendet, um einen einheitlichen Hintergrund für die eigenwilligen Möbel zu schaffen. Dieser Raum befindet sich in Catharine Warrens Haus, von dem weitere Abbildungen auf den Seiten 32 und 112 zu sehen sind.

Lovers and Tyrants

Von der Antike entliehen

Nichts könnte elementarer oder effektvoller sein als die Gestaltung der Vorhänge in diesen Schlafräumen in einem Haus an der Mittelmeerküste südlich von Rom. Die Vorhänge bestehen aus Stoffbahnen in leuchtenden Farben, die an schwarzen Eisenringen hängen. Lange Nägel wurden in die Wand geschlagen, über die man die Ringe streifen kann, wenn die Vorhänge geschlossen werden sollen.

Das Dekorationskonzept dieser Villa erinnert in seiner Einfachheit an die Antike im alten Griechenland oder im alten Rom (siehe S. 50). Die Kronleuchter aus Terrakotta sind römischen Öllampen nachempfunden, und die Wände des Badezimmers wurden nach antikem Vorbild gestaltet: Der Putz wurde mit Erdpigmenten gefärbt und danach gewachst.

Ein Hauch Frankreich

Die mit englischem Chintz verkleideten Wände dieses Schlafzimmers gehören zu einem Haus aus dem siebzehnten Jahrhundert im Westen Englands, und trotzdem hat die Farbgebung und die Dekoration der Schränke mit gekräuseltem Stoff hinter dem Maschendrahtgitter der Türen etwas Französisches an sich. In dem prächtigen Kopfteils des Bettes mit einer Schnitzerei aus dem achtzehnten Jahrhundert, die einen Spiegel rahmt, spiegeln sich die frischen weißen Kopfkissen und die Decke aus feiner Handarbeit. Durch eine verglaste, mit Stoff hinterlegte Tür nach dem Vorbild der Schranktüren gelangt man ins Badezimmer. Hier sind die Wandpaneele pfefferminzgrün gestrichen, passend zu dem Chintz der Wände. Bei der Innenausstattung des Hauses (siehe auch S. 144) war Charles Beresford-Clark beratend tätig.

Zusammenhang und Licht

Die Innenausstatterin Alison Henry und ihr Mann, ein Grundstücksmakler, wohnen den größten Teil des Jahres in einem Apartment in Hong Kong. Wenn sie in England sind, leben sie in einer völlig anderen Umgebung – in einem weitläufigen Haus aus Mauerwerk in Gloucestershire. Sie haben Licht in das Haus gebracht, das zuvor ein recht düsteres Innenleben hatte. Alison Henry liebt den ausgleichenden Effekt von Symmetrie, das zeigt sich hier im Hauptschlafzimmer, wo Deckelvasen aus Porzellan der Größe nach auf einem Balken aufgereiht sind – vielleicht Anspielungen auf ihren ostasiatischen Wohnsitz. Die neutrale Farbgebung des Raumes ist ein beruhigender Hintergrund für die graphischen Linien der Dachbalken und des Himmelbettes. Die unbemalten Türen mit ihren gewaltigen Eisenscharnieren und -klinken sind im traditionellen Stil der Gegend gestaltet. Selbst im Badezimmer herrscht Symmetrie, die Badewanne steht genau zentriert vor dem Fenster, und die Armaturen sind auf das Fensterkreuz ausgerichtet.

Kräftige Pinktöne und Weiß im Wechselspiel

Yves Taralons Schlafzimmer ist in diversen Schattierungen von Terrakotta, Rot und leuchtendem Pink dekoriert, es hat Fenster auf drei Seiten mit Aussicht auf den Garten. Die gestreiften Bettvorhänge werden ergänzt durch die pinkfarbenen Kanten der weißen Kissen. Die Fenster im Schlafraum und im benachbarten Ankleidezimmer (oben) haben schlichte, weiße Gardinen aus Baumwollstoff. Zur Einrichtung gehören Stahlrohrsessel von Marcel Breuer aus den zwanziger Jahren und ein traditioneller, zylinderförmiger Nachttisch. (Das Wohnzimmer desselben Hauses ist auf S. 28, das Speisezimmer auf S. 102 abgebildet.)

Historische Attribute

Das oben abgebildete Badezimmer ist die frühere Wachtstube eines Schlosses in der Normandie und wurde von Tommy Kyle und Jerome Murray ausgestattet. Das mit Ziegeln und Mauersteinen gestaltete Gewölbe ist dem der Kolonade an der Place des Vosges in Paris ähnlich und wurde unverändert gelassen – eine überwältigende, völlig ungewöhnliche Szenerie für ein Badezimmer. Die französischen Türen öffnen sich auf einen Balkon zum Garten, und der ganze Raum mit seinen bequemen Polstersesseln strahlt die Behaglichkeit und die Ruhe eines sommerlichen Interieurs aus. Das Badezimmer auf der gegenüberliegenden Seite befindet sich in Luttrellstown Castle bei Dublin und weist ebenfalls historische Attribute auf, die eine Verbindung zu Frankreich schaffen. Die hohe Kupferbadewanne aus dem frühen neunzehnten Jahrhundert kommt aus Frankreich. Moderne Sanitäranlagen, eine gut funktionierende Heizung und ein unbeschwerter Dekorationsstil tragen dazu bei, dass der Raum ebenso attraktiv für den Benutzer wie für den Betrachter ist. Die Details sind gut ausgewählt für diesen im wesentlichen funktionalen, aber dennoch behaglich wirkenden Raum.

Stilwandel

Überladene Innendekorationen und alles, was dazugehört – reichlich mit kostbaren Stoffen, Kissen und sonstigen repräsentativen Attributen ausgestattet – diesen Stil hat Jenny Hall früher geschätzt und auch vertreten. Heute findet sie diesen Stil unpassend. Für ihr Haus in Südfrankreich (siehe auch S. 114) entwarf sie etwas Schlichteres und Moderneres. Sie beeinflusste Claude Loraschi, den dort ansässigen Schmied und hauptsächlich mit der Reparatur von Traktoren beschäftigt, seine Fähigkeiten auf einem anderen Gebiet einzusetzen. So entstand dieses elegant karge Bettgestell aus Eisen, das mit Vorhängen aus Sackleinen aus Bangladesch dekoriert ist. In einem anderen Schlafzimmer (oben), das mit zwei *lits-à-bateaux* ausgestattet ist, sind die Vorhänge an den Fenstern ebenfalls aus Sackleinen.

Aufeinander abgestimmte Dekorationselemente

In Häusern aus vergangenen Stilepochen sieht ein frei stehender, interessant gestalteter Schrank besser aus als moderne Einbauschränke. Die Vierpässe und die schmalen, hohen, bogenförmigen Dekorationselemente der Türen verleihen diesem schönen, bemalten Schrank ein gotisches Flair, das gut zu dem viktorianischen Stil des Hauses passt (siehe S. 36 und 148). Das Fenster und das Bett sind mit Vorhängen aus verschieden gemusterten Stoffen dekoriert, als verbindendes Element fungieren die schweren Fransen an den gekräuselten Querbehängen. Am Fußende des Bettes steht ein elegantes und ungewöhnlich zierliches Regency-Sofa und links daneben ein »Rosetti«-Stuhl von Morris & Co, dessen Originalfassung von 1860 erhalten ist.

Die Farbe von Popcorn

Dieser von John Saladino entworfene Raum ohne viel Farbe oder Muster, und eigentlich auch ohne Vorhänge, ist verhältnismäßig einfach. Trotzdem strahlt er wohltuende Wärme und Behaglichkeit aus. Die sechsteilige Paneelwand hinter dem Bett bereichert das Konzept durch das helle Rehbraun und die weiche Textur, ohne von der disziplinierten Harmonie des Dekorationskonzepts abzulenken. Die Texturen sind in der Tat das verführerische und wichtigste Element in diesem Interieur; die in sich gemusterte, mit Spitze einge-

fasste Bettdecke und der speziell gewebte Teppich in einer Farbe, die John Saladino als »Popcorn« bezeichnet, haben angenehm unregelmäßige Oberflächenstrukturen. Die »Popcorn«-Farbe passt gut zu dem hellen Blaugrau im oberen Bereich der Wände und zu dem etwas dunkleren Ton der Sockelleiste. An einer Wand steht ein langgezogener Schreibtisch unter einer Vierergruppe von Architekturzeichnungen, die exakt aufeinander ausgerichtet sind. (Weitere Räume dieses Hauses finden Sie auf S. 58 und 106.)

Nostalgische Phantasien

Hübsche Baumwoll-*Toiles* gehören zu den charakteristischen Dekorationselementen dieses Hauses in Frankreich, das von seiner englischen Eigentümerin, Fiona Inchyra, dekoriert wurde. Ein florales Muster in Rot auf weißem Grund ist für den ungekünstelten, frischen Charakter des Hauptschlafzimmers verantwortlich. Der Stoff, der sehr einfach verarbeitet ist – ohne pompöse Querbehänge oder üppige Drapierungen – und der sich wirkungsvoll von den einfarbigen Wänden und den gelaugten Holzdielen des Fußbodens abhebt, verleiht dem Raum einen naiven Charme. Ein altmodischer Heizkörper sorgt für nostalgisches Flair, und im Badezimmer, dessen Fußboden mit hellblauen und weißen Fliesen belegt ist, steht eine Badewanne mit Original-Klauenfüßen.

Mit der Natur leben

Die Ausstattung dieses Hauses zeigt, wie man mit der Natur leben kann – auch wenn man anspruchsvoll ist. In einer Blockhütte, vermutlich das Ultimativste vom Ultimativen in Bezug auf Blockhütten – die North Star Lodge bei Aspen, Colorado (siehe S. 156), sind vor allem die Schlafräume sehenswert. Ein Team von Tischlern hat riesengroße Betten aus Apfelholz konstruiert und geschnitzt, und zum Schluss hat Holly Lueders Vögel in leuchtenden Farben ganz nach Lust und Laune auf die Zweige verteilt. Wollene Bettdecken wurden speziell für dieses Projekt in Ungarn angefertigt. Die dekorativen Details im Badezimmer, das mit einem Whirlpool und einer versenkten Badewanne ausgestattet ist, passen zur Rustikalität der Schlafräume, strahlen aber dennoch luxuriöse Behaglichkeit aus.

Makellos bis ins Detail

Auch wenn François Catroux ein Dekorationskonzept mit einfacher Linienführung realisiert, ist das Resultat nie alltäglich. Diese beiden Schlafräume befinden sich in seinem Haus in der Provence (siehe S. 74), und beide sind typisch für die Art und Weise, wie er seine Räume durch perfekte, maßgeschneiderte Details interessant macht. Die Bettdecken und die Kopfteile der Betten zum Beispiel sind einfarbig, auf das Farbkonzept des Raumes abgestimmt. Interessant sind auch die Proportionen der Kopfteile bei den Einzelbetten: Durch ihre ungewöhnliche Höhe ziehen sie die Aufmerksamkeit auf sich und sind außerdem ungewöhnlich bequem. In beiden Räumen hat François Catroux traditionelle provenzalische Stoffe verwendet, um das Ganze mit einer belebenden Prise Muster zu würzen. Aber der wahrhaft meisterliche Touch ist ihm bei der Bettdekoration im rot-weißen Raum gelungen; hier werden die Bettvorhänge, die an der Decke befestigt sind, durch eine einfache, aber höchst originelle Verwendung der Bänder gehalten.

Traditionelle Themen in neuer Umgebung

Giles Vincents Ausstattung dieses Schlafzimmers, das sich in einem neueren Anbau eines spätgeorgianischen Cottage befindet (siehe S. 110 und 132), ist keineswegs ein Sammelsurium altertümlicher Gegenstände, obwohl alle ein reifes Alter zu haben scheinen. Der roséfarbene Vorhangstoff wirkt leicht verblichen; die Bettdecke und die Kissen sind aus alten Tapisserien gearbeitet; und die Wände sind in staubiges Gelb-Grün getaucht. Ebenso etabliert wirkt das in einem warmen Sienaton gehaltene Badezimmer mit den Kelims aus dem frühen zwanzigsten Jahrhundert. In einer derartig geräumigen Umgebung kann man seinen luxuriösen Gelüsten freien Lauf lassen – zum Beispiel die Badewanne in der Mitte des Raumes platzieren und einen offenen Kamin einbauen.

Höchst komfortabel

Mengen prall gefüllter, weicher Kissen sind eine Möglichkeit, ein Schlafzimmer höchst komfortabel zu gestalten. Diese beiden Räume, dekoriert von Katya Grenfell, sind reichlich damit ausgestattet. Die hübschen hellgrundigen, mit einfarbigem Stoff gefütterten Bettbehänge sind von zurückhaltender Noblesse. In dem auf der gegenüberliegenden Seite abgebildeten Raum wurden die Nachttische durch praktische Kommoden ersetzt. Das Bad im gleichen Haus ist traditionell ausgestattet, die Wände sind im Stil eines alten Kupferstichkabinetts mit schwarz-weißen Stichen auf pastellgelbem Grund dekoriert.

GARTENZIMMER

Ein Raum, der das Haus mit dem Garten verbindet und der das Gefühl vermittelt, im Freien zu sein und trotzdem den Schutz des Hauses zu genießen, ist das ganze Jahr über ein echter Gewinn. Mitten auf dem Land, wo kein Haus im Wege ist und praktisch nichts die Sicht begrenzt, ist dieser hybride Raum – eine Kreuzung zwischen Patio und Gesellschaftszimmer – ein göttliches Geschenk. Aber selbst in weniger entlegenen Gegenden übt ein Gartenzimmer eine ganz besondere Anziehungskraft aus und bietet, wenn es komfortabel eingerichtet ist, zusätzlichen Wohnraum. Es eignet sich besonders für zwanglose Dinnerpartys – wie das Beispiel auf S. 218 zeigt – und auch das auf S. 214 abgebildete Gartenzimmer auf Mallorca mit der spektakulären Gewölbedecke, dessen bodenständige Konstruktion einen rauhen Hintergrund für smarte, zeitgenössische Möbel abgibt. Bei dem Raum auf S. 220 liegt die Betonung auf den Pflanzen: Hier wird die Atmosphäre eines Wintergartens mit der Funktion einer Essecke kombiniert.

Ein schwarz-weiß gemusterter Steinboden ist unschlagbar in einem pompös ausgestatteten Raum, der einem das Gefühl gibt, sich im Freien aufzuhalten. Zu der Dekoration des Renaissanceflügels eines französischen Chateau, das von Tommy Kyle und Jerome Murray neu ausgestattet wurde, gehören eine klassische Büste, ein vergoldeter Konsoltisch, eine Standuhr in Lackarbeit, riesige chinesische Deckelvasen – und ein modernes Gemälde. Über diesem eklektischen Mix spannt sich die erhalten gebliebene Renaissancedecke, die mit hinreißendenden Blumen- und Früchtemotiven bemalt ist.

Zur Sonne geöffnet

Das Haus von David Easten im Staat New York besteht aus zwei Flügeln, zwischen denen ein Garten liegt (gegenüberliegende Seite, unten). Zu jedem Flügel gehört eine Loggia mit einer offenen Seite. Eine der beiden Loggien (gegenüberliegende Seite, oben) ist nach Osten hin offen und bekommt Morgensonne, für kühle Abende wurde ein Kamin eingebaut. Sie wird im Sommer gern als Arbeitsplatz und auch als halboffener Wohnraum benutzt. Die Loggia, die nach Westen geöffnet ist (oben), wo man hauptsächlich den Lunch und gegen Abend die Drinks einnimmt, hat in der Wand ein unverglastes Bullauge, das die Aussicht auf den Garten freigibt. Auf dem grob bemalten Schrank stehen bizarre Pflanzen, und eine Sammlung alter landwirtschaftlicher Geräte aus Pennsylvanien hebt sich als stilvolle, linear betonte Dekoration von der Holzverkleidung der Wand ab.

Warme, neutrale Farben

Neutrale Farbtöne und natürliche Texturen passen gut in einen Raum, der sich direkt zum Wintergarten hin öffnet. Dieser Wohnraum ist in dem neuen Landhausstil ausgestattet, der im wesentlichen traditionell, aber vereinfacht und vielfältiger ist. Es gibt zwar wenig Muster in diesem Raum, dafür aber andere Elemente, die von den Kunstwerken mit Tiermotiven in einer Ecke des Raumes bis zu der dramatischen Arbeit von Anthony Christian über dem Kamin reichen (siehe S. 2). Die Farbe des französischen Kamins aus weißem Kalkstein liegt genau in der Mitte zwischen dem melonenfarbigen Gelb der Wände und der Farbe der matt glänzenden Leinenbezüge der Sofas. Der neue Wintergarten wurde mit viel Sensibilität hinzugefügt, um den Wohnraum mit dem Garten zu verbinden und damit zusätzlichen Wohnraum zu gewinnen. Die abgerundeten Formen der Korbmöbel korrespondieren mit den Sitzmöbeln im Wohnraum, und ihre Farbe wiederholt sich in den Sonnenrollos. Der Architekt Christopher Smallwood und der Innenausstatter Lars Bolander waren bei der Umgestaltung des Hauses beratend tätig. (Der Eingangsbereich ist auf S. 18 abgebildet.)

Sommer auf Mallorca

Der Sommerwohnraum mit der Gewölbedecke in Nona van Haeftens vierhundert Jahre altem Haus auf Mallorca ist eine umgebaute Wagenremise, deren breite Rundbögen sich zum Garten hin öffnen. An einem Ende des Raumes wurden bequeme Sitzmöbel um einen äußerst amüsant gestalteten Kamin gruppiert. Der Essplatz in der Mitte des Raumes ist mit einem langen Steintisch ausgestattet, der auf volutenförmigen Piedestalen ruht. Der Entwurf für die dazugehörigen schmiedeeisernen Stühle mit den hohen Rückenlehnen

stammt von Holger Stewen. Metall ist ein dauerhaftes Material, das gut zu der bodenständigen Architektur passt, die sich – wie hier – halb im Freien befindet, und ist außerdem von zeitgemäßer Eleganz. Die mit breiten Bändern befestigten rosa und weiß gestreiften Sitzkissen geben dem Ganzen eine heiter beschwingte Note. Der Bodenbelag aus traditionellen, heimischen Materialien besteht aus Zement mit Kieselsteineinlagen, deren geometrisches Muster sich an heimische Vorbilder anlehnt.

Ein Haus – zwei Wintergärten

Als Jan Colls ihr Haus 1960 umgestaltete, hatte sie die geniale Idee, die Architektur zu öffnen und die Räume zu vergrößern, indem sie einen Wintergarten an die Küche (gegenüberliegende Seite) und einen zweiten an den Wohnraum (oben) anbaute. Der erste, entworfen von Jan Colls, der als Essbereich dient, ist mit einer *trompe-l'œil*-Malerei von Michelle Pearson dekoriert. Sie stellt einen Geschirrschrank dar, mit dem sie humorvoll auf die liebgewordenen Gewohnheiten der Familienmitglieder anspielt. Der Wintergarten am Wohnraum ist mit bequemen Stühlen und mit einem Arrangement aus blattgrünen Tellern in einem Hängeschrank ausgestattet, der von zwei viktorianischen Spiegeln flankiert wird. Diese Räume auf beiden Seiten des kleinen Patio (gegenüberliegende Seite, oben) suggerieren durch ihre Ausstattung eine ländliche Umgebung, obwohl sie sich in London befinden.

Harmonie in Grün

Durch die grüne Bemalung des Wintergartenrahmens bemerkt man die Fenstersprossen kaum, so dass das Innere des Hauses mit dem Garten verschmilzt. Eine gebräuchliche Methode, den Garten zu erweitern, wobei die Pflanzen teils direkt in den Boden und teils in große Terrakottatöpfe gepflanzt werden. In dem konventionelleren Teil des Raumes steht ein schöner, praktischer Tisch, der aus drei Teilen besteht und dessen halbkreisförmige Enden man von dem rechteckigen Teil getrennt verwenden kann. Das Gittermuster der Zarge ist auf das Rautenmuster der Stuhlrücken abgestimmt. Die Möbel wurden nach einem Entwurf von Nessa O'Neill angefertigt.

Moderner Klassizismus

Diese beiden Räume, die auf verschiedene Tageszeiten bezogen sind, befinden sich in einem neuen Haus in Sussex, das von John Simpson (siehe S. 66) entworfen wurde. Das Frühstückszimmer (oben) öffnet sich nach Osten und profitiert von der Morgensonne. Es hat Schiebefenster, die die gesamte Höhe des Raumes einnehmen und Zugang zum Garten gewähren. Die eleganten, gediegenen Möbel hat John Simpson speziell für dieses Haus entworfen. Der Wintergarten (rechts), der von der Nachmittags- und Abendsonne profitiert, dient als unkonventionelles Speisezimmer und ist mit grün-weiß gestreiften Vorhängen ausgestattet, die sehr elegant wirken und sich trotzdem mit dem legeren Charakter des Raumes zwischen Innen- und Außenraum vertragen.

DANKSAGUNG

Peter Aprahamian: 97, 164, 165, 166, 167
Tim Clinch: 8, 10 (unten links), 14, 36, 37, 39, 74, 75, 76, 77, 114, 128, 129, 148, 149, 186, 187, 190, 192, 193, 194, 195, 202, 203, 206, 207
Andreas von Einsiedel: 11, 16, 17, 28, 29, 30, 31, 44, 45, 48, 49, 66, 67, 68, 69, 70, 71, 80, 81, 82, 83, 98, 102, 108, 109, 116, 117, 118, 119, 124, 125, 130, 136, 137, 146, 147, 160, 161, 162, 163, 168, 169, 170, 171, 188, 189, 214, 216, 217, 218, 219, 220, 221, 222, 223
Gavin Kingcome: 2, 3, 18, 72, 73, 100, 101, 144, 145, 152, 153, 154, 184, 185, 212, 213
Tom Leighton: 104, 105
Marianne Majerus: 86, 87, 142, 143
Robin Matthews: 24, 25, 26, 27, 46, 47, 140, 141
James Merrell: 10 (oben links),42, 43
James Mortimer: 138, 139
David Radcliffe: 90, 91, 99, 191, 208, 209
Trevor Richards: 19, 40, 41, 92, 93, 95, 110, 111, 132, 133, 204, 205
Fritz von der Schulenberg: 21, 22, 54, 55, 56, 57, 78, 79, 88, 94, 96, 115, 135, 150, 176, 177, 178, 179
Keith Scott Morton: 20, 34, 35, 58, 59, 60, 61, 84, 85, 106, 107, 120, 121, 122, 123, 196, 197, 210, 211
Christopher Simon Sykes: 6, 32, 33, 46, 47, 112, 113, 126, 127, 180, 198, 199
Tim Street Porter: 156, 157, 158, 159, 200, 201
Petrina Tinsley: 172, 173, 174, 175
Simon Upton: 50, 52, 53, 182, 183
William Waldron: 62, 63, 64

The Interior Archive stellte freundlicherweise ebenfalls einige Fotografien zur Verfügung.

Die Zeitschrift *House & Garden* stellte in Beiträgen von Lavinia Bolton (Locations Editor), Sally Griffiths und Amanda Harling die meisten der hier gezeigten Räumlichkeiten erstmals der Öffentlichkeit vor. Die Koordination erfolgte durch Gemma Imi.